Duden

SMS
Schnell-Merk-System

Diktat

5. bis 10. Klasse

PAETEC

Inhaltsverzeichnis

1 Diktate üben

Für Diktate gilt: Übung macht den Meister! Damit das Üben nicht langweilig wird, greifst du am besten auf verschiedene **Übungsformen** zurück.

Eigendiktat · Schleichdiktat · Kassettendiktat · Partnerdiktat

Grundsätzliches

Grundsätzlich gilt: **Erst nachdenken, dann schreiben!** Viele Fehler lassen sich vermeiden, wenn du dein grammatisches Wissen richtig anwendest:

- Zu welcher **Wortart** zählt das Wort, über dessen Schreibung du nachdenkst?

Substantive schreibt man groß, Adjektive klein usw.

- Kannst du das **Wort verlängern,** um den Auslaut besser zu hören?

wen**ig** → wen**ige** Male

- Gehört das fragliche Wort zu einer **Wortfamilie?** Dann überlege dir, ob du andere Wörter aus der gleichen Familie kennst und wie man sie schreibt.

Fa**h**rt – fa**h**ren – Vorfa**h**rt – Autofa**h**rerin

- Kennst du eine Regel oder eine **Eselsbrücke,** die auf das fragliche Wort passen könnte?

Wer nämlich mit *h* schreibt, ist dämlich!

Keine Angst vor Diktaten

Vor dem Diktat

- Sei **ruhig** und gelassen! Denke positiv!
- Überprüfe, ob noch genügend Tinte im **Füller** ist. Setze im Zweifelsfall lieber eine neue Patrone ein oder nimm einen anderen Füller mit.
- Überprüfe auch, ob noch genügend Platz im **Diktatheft** ist. Stecke im Zweifelsfall ein Zusatzheft ein.
- Geh noch einmal auf die **Toilette.**
- **Konzentriere** dich auf das Wesentliche!

Während des Diktats

- Erst **zuhören,** dann schreiben!
- Wenn du während des Diktats nicht mitkommst, lass eine **Lücke** an der Stelle oder den Stellen, wo dir Wörter fehlen.
- **Markiere** dir die Wörter, bei denen du unsicher bist. So findest du sie leichter, wenn es ans Kontrollieren geht.

Nach dem Diktat

- Wenn deine Lehrerin oder dein Lehrer den Text noch einmal vorliest, **fülle deine Lücken** und vergleiche Wort für Wort.
- Lies den Text Wort für Wort **rückwärts,** so findest du Fehler besser.
- Lies den Text noch einmal gründlich von der ersten bis zur letzten Zeile und achte darauf, dass die Sätze alle **vollständig** und **grammatisch richtig** sind.

Verschiedene Übungsformen

Diktate kannst du auf unterschiedliche Weise üben – allein, mit den Eltern oder mit Freunden. Je abwechslungsreicher du dich auf eine Klassenarbeit vorbereitest, desto eher wirst du Erfolg haben. Such dir dabei eine Übungsform, die zu dir passt.

Bringe Abwechslung in deine Vorbereitung.

Eigendiktat

Wenn du niemanden hast, der dir einen Text diktieren kann, probiere es mit dem Eigendiktat:

- Suche dir einen geeigneten Übungstext. Wenn er dir zu lang erscheint, kannst du ihn auch in zwei Teile aufteilen.
- Lies den gesamten Text einmal gründlich durch.
- Decke den Text so ab, dass du nur eine Textzeile siehst.
- Merke dir diese Textzeile und schreibe sie auswendig in dein Heft.
- Arbeite dich Satz für Satz bis ans Textende durch.
- Lies den ganzen Text, den du geschrieben hast, noch einmal gründlich durch (↑ S. 5).
- Vergleiche deinen Text mit der Vorlage und streiche deine Fehler an.

Verwende Texte aus Schul- oder Übungsbüchern.

Nimm Papier, Pappe oder ein undurchsichtiges Lineal zum Abdecken.

Lies rückwärts. · Achte auf vollständige Sätze.

Sei ehrlich zu dir selbst!

Ein Schüler allein zu Haus

Ein Tag zu Hause ohne Eltern ist ein Traumtag! Gleich nach dem Weggehen der Erwachsenen kann man mit dem Lernen aufhören und sich allerlei Schönem widmen. Zuerst hält man nach etwas Essbarem Ausschau, dabei wird vor allem Süßes bevorzugt. Da der junge Mensch nicht nur essen muss, sondern auch das Trinken nicht vergessen sollte, ist das Aufsuchen des Getränkekellers die nächste wichtige Aufgabe. Dort kann einem dann Hören und Sehen vergehen: süße Limonade und Cola in rauen Mengen!

Wenn man nun genug zu essen und zu trinken zusammengetragen hat, beginnt der gemütliche Teil des Tages: Man stellt die Leckereien und Getränke in greifbare Nähe auf den Tisch, holt sein neues Comicheft, das man vorher vor den forschenden Blicken der Eltern versteckt hat, aus der Schublade, setzt sich auf Vaters gepolsterten Stuhl und gibt sich nun hemmungslos dem Betrachten bunter Zeichnungen und dem Lesen lustiger Sprechblasen hin.

Zwischendurch macht man eine kleine Pause, um auch seinem Körper Gutes zu tun: Wie göttlich schmecken doch Salzstangen zusammen mit Schokolade, wenn man zum Hinunterspülen auch noch ein Glas Cola trinkt!

177 Wörter

* einfach

Schleichdiktat

Mit einem Schleichdiktat kannst du nicht nur Diktate an sich, sondern gleichzeitig auch deine Gedächtnisleistung und Konzentrationsfähigkeit trainieren.
So funktioniert das Schleichdiktat:

- Lies den gewählten Übungstext einmal gründlich durch.

Je sinnvoller der Text, desto einprägsamer!

- Leg den Text nun an eine Stelle, zu der du von deinem Arbeitsplatz aus hingehen musst.

Meide Orte (Küche) oder Gegenstände (TV), die dich ablenken.

- Merke dir einen Textabschnitt, geh zurück zu deinem Arbeitsplatz und schreibe den Text auf.

- Arbeite dich nach Sinnabschnitten durch den gesamten Text. Je seltener du zum Text gehen musst, desto besser ist deine Konzentrationsfähigkeit. Aber Vorsicht: Es nützt gar nichts, wenn du den Text in drei Gängen und nur fünf Minuten schaffst, aber dafür massenweise Fehler machst!

Mach eine Strichliste, wie oft du zum Text gehst. Bei 200 Wörtern darfst du 12- bis 14-mal schleichen.

- Nimm am Ende den Text mit an deinen Arbeitsplatz und vergleiche deinen Text mit der Vorlage.

Korrigiere sorgfältig und genau.

Die Formel I

Formel-1-Piloten leben gefährlich. So gibt es kaum einen Weltklassefahrer, | der sein Rennauto nicht mindestens einmal völlig demoliert hat. | Dies konnte aber bisher noch keinen von ihnen davon abhalten, | sofort in das nächste Auto zu steigen und mit quietschenden Reifen aus den Boxen zu rasen. | Doch nicht nur die Fahrt mit dem Rennauto birgt Gefahren, auch der Halt zum Reifenwechsel und Tanken kann tödlich enden. | Da alles blitzschnell geschehen muss, kann es vorkommen, dass ein Mechaniker die Reifen nicht ordnungsgemäß befestigt. | Bei hoher Geschwindigkeit löst sich dann das Rad von der Aufhängung und der Rennfahrer verliert die Kontrolle über die Maschine. |

Noch schlimmer ist es allerdings, wenn beim Auftanken Benzin austritt. | Es genügen schon wenige Tropfen, die sich am glühend heißen Auspuff des Autos entzünden, | um im Nu ein riesiges Flammenmeer auflodern zu lassen. | Nur das schnelle Eingreifen der Feuerwehr kann hier ein Überleben garantieren. |

Zum Glück sind wenigstens die Zuschauer heutzutage gut geschützt, | denn die schwersten Unfälle ereigneten sich früher immer, wenn der Pilot die Gewalt über sein Fahrzeug verlor | und ohne zu bremsen in die Masse der Zuschauer schoss. Wen das Auto nicht erfasste, | der konnte sein Leben durch die Panik der Umstehenden verlieren. | Für die Angehörigen blieb dann nur Fassungslosigkeit und grenzenlose Trauer.

205 Wörter

** mittel

Kassettendiktat

Probiere es doch einmal mit einem Kassettendiktat:

- Nimm dir einen Kassettenrekorder mit Aufnahmefunktion.
- Lies dir zunächst den Text, den du üben möchtest, gründlich durch.
- Sprich den Text auf Band (1).
- Spul die Kassette an den Ausgangspunkt zurück.
- Nun schreibe den Text nach Gehör (2).
- Korrigiere zum Schluss deinen Text, indem du ihn mit der Vorlage vergleichst (3).

(1) Lass Pausen zwischen Sinnabschnitten.
(2) Warte ein paar Minuten, bevor du den Text schreibst.
(3) Versuche „typische“ Fehler herauszufinden, damit du gezielt weiter üben kannst.

Partnerdiktat

Du kannst auch jemanden bitten, dir einen Text zu diktieren. So entsteht eine ähnliche Situation, wie du sie von der Klassenarbeit her kennst.

- Lass dir den Text diktieren.

Freunde, Eltern, Geschwister

- Dein Partner kann dich nach jedem Satz auf Fehler hinweisen. Frage nach, wenn du dir bei der Schreibung schwieriger Wörter unsicher bist.

Präge dir keine falsche Schreibung ein.

- Wenn du mit einem Freund oder einer Freundin lernst, solltet ihr euch mit dem Diktieren (z. B. aus euren Lieblingsbüchern) abwechseln.

Achte auch beim Vorlesen auf die Schreibung schwieriger Wörter.

Herakles

Zu den größten Helden der griechischen Mythologie zählt Herakles, dessen lateinischer Name Herkules lautet. Schon als er in der Wiege lag, sorgte er für grenzenloses Staunen, als er zwei Schlangen erwürgte, die ihn mit ihren Bissen töten wollten.

Noch gewaltiger wurde sein Ruhm durch die zwölf Aufgaben, die er lösen musste, um in den Olymp, die Wohnstatt der Götter, zu gelangen.

Als Erstes wurde ihm die Aufgabe gestellt, den Nemeischen Löwen zu töten. Dem Fell dieses Tieres konnte weder durch Bogenschüsse noch durch Schwerthiebe Schaden zugefügt werden. Trotzdem schoss Herakles alle seine Pfeile auf die Bestie ab, allerdings erfolglos. Als auch sein Schwert versagte, erwürgte er das Untier schließlich mit bloßen Händen. Die zweite Prüfung verlangte von Herakles die Ermordung der Hydra, eines hässlichen Ungeheuers von hundeähnlicher Gestalt mit acht oder neun Schlangenköpfen. Außerdem wusste man, dass ihr Atem für Menschen tödlich war.

Herakles näherte sich der Hydra mit geschlossenem Mund. Ohne gebissen zu werden, gelang es ihm, dem Untier einige Köpfe abzuschlagen. Für jeden Kopf, den er abhackte, wuchsen sofort zwei neue. Erst als Herakles die Wurzeln der abgeschlagenen Köpfe mit Feuer versengte, gelang es ihm, das Nachwachsen zu beenden und die Hydra zu töten. Im Olymp wurde der Tapfere mit Unsterblichkeit und ewiger Jugend belohnt.

207 Wörter

*** schwierig

Gezielt üben – erfolgreich beim Diktat

Damit dein Üben von Erfolg gekrönt ist, musst du ganz gezielt an die Sache herangehen. Hier steht, wie es funktioniert:

Analysiere deine Fehler

In einem Diktat kannst du unterschiedliche Arten von Fehlern machen, nämlich
- Fehler bei der Groß- und Kleinschreibung,
- Fehler bei der Getrennt- und Zusammenschreibung,
- Fehler bei der Schreibung ähnlicher Buchstaben,
- Fehler bei der Schreibung von Fremdwörtern,
- Zeichensetzungsfehler,
- Grammatikfehler,
- Flüchtigkeitsfehler.

Nimm dir ein Blatt Papier, mach dir eine Tabelle mit sieben Zeilen für die sieben verschiedenen Fehlerarten. Dann nimm dir deine letzten drei oder vier Diktate (und die Aufsätze, falls du auch im Aufsatz viele Rechtschreibfehler machst) und mach für jeden Fehler einen Strich in der entsprechenden Zeile. So kannst du leicht feststellen, wo du die meisten Fehler machst.

Groß-/Kleinschreibung	
Getrennt-/Zusammenschreibung	
Ähnliche Buchstaben	
Fremdwörter	
Zeichensetzung	
Grammatik	
Flüchtigkeit	

Nachdem du also – wie beim Arzt – eine Diagnose hast, behandelst du das Problem: Du übst ganz gezielt die Bereiche, die dir Schwierigkeiten bereiten. Dieses Buch hilft dir dabei. Darüber hinaus kannst du aber noch mehr tun:

Trainiere dein optisches Gedächtnis

1. Präge dir Wortfamilien ein: Ein Wortstamm wird in allen Wörtern gleich geschrieben.
2. Nimm ein Buch und lies: Die richtige Schreibung von Wörtern wird quasi automatisch im Gehirn verankert; zudem erweitert das Lesen deinen Wortschatz.
3. Bastle dir ein Memory®-Spiel aus Diktatwörtern: Denke dir ein Bild zu dem Wort, das du dir merken willst.

Schalte andere Fehlerquellen aus

1. Vielleicht wird in deiner Gegend Dialekt gesprochen. Achte verstärkt auf die Unterschiede zur Hochsprache.
2. Geh auf Nummer sicher und überprüfe, ob nicht vielleicht gesundheitliche Probleme (z. B. ein schlechtes Gehör) die Ursache für deine Schwierigkeiten sind.

Trainiere deine Konzentrationsfähigkeit

1. Beseitige alles, was dich ablenken könnte.
2. Erledige nicht mehrere Aufgaben gleichzeitig.
3. Mach spätestens nach 30 Minuten eine kurze Pause von fünf Minuten.
4. Achte auf eine gute Reihenfolge, in der du die Aufgaben erledigst. Übe z. B. nicht gleich nach einem Aufsatz Diktate, sondern erledige erst einmal die Mathe-Aufgaben.

Achte auf dein Arbeitspensum

1. Übe in kleineren Einheiten: besser 15 Minuten täglich als mehrere Stunden am Tag vor der Arbeit.
2. Mach dir bewusst, was du schon alles kannst, und trau dich auch an Aufgaben, die du noch nie zuvor gemacht hast.

2 Groß- und Kleinschreibung

Grundsätzliches zur Großschreibung

An einigen Stellen im Satz wird grundsätzlich großgeschrieben:
- am Satzanfang (1),
- nach einem Doppelpunkt, wenn ein selbstständiger Satz folgt (2),
- zu Beginn der direkten Rede (3).

(1) **S**ie ist schön.
(2) So lautet der Vertrag: **D**er Sohn erbt alles.
(3) Sein Gejammer „**A**lles viel zu teuer“ kann ich nicht mehr hören.

Großgeschrieben werden auch alle
- **Substantive,**
- **Eigennamen** – auch die **mehrteiligen Eigennamen,**
- **Wörter, die als Substantive gebraucht werden,** egal, zu welcher Wortart sie ursprünglich gehören.

das **K**ind

Herr **S**chmidt · **A**lexander der **G**roße

Das **R**eiten ist ihr großes Hobby.

Ebenfalls großgeschrieben werden
- **ins Deutsche übernommene Wörter** aus anderen Sprachen (↑ S. 66 ff.) (1),
- alle Wörter mit den **Suffixen** (Nachsilben) *-ung, -heit, -keit, -nis, -schaft, -tum, -ling* und *-sal* (2).

(1) der **F**un · der **S**wimmingpool
(2) die **E**rleuchtung · die **F**aulheit · die **E**insamkeit · das **E**rlebnis · die **S**eilschaft · der **R**eichtum · der **F**eigling · das **S**chicksal

Die Affen im Zoo

An einem schönen Frühlingssonntag unternahm Familie Müller einen Ausflug in den Zoo. Gerade jetzt zu Beginn der Saison, wenn das Leben der Pflanzen und Tiere nach dem Winter neu erwacht, ist ein solcher Ausflug besonders für die Kinder ein Erlebnis. Als sie alle bei den Affen ankamen, war das Staunen groß: Die Affen waren nicht in einen Käfig eingesperrt, sondern sprangen in einer hellen, offenen Halle umher.

„Zur Würdigung der Forschungsarbeit von Jane Goodall", lasen sie auf einem Schild. Die Mutter erklärte den Kindern: „Jane Goodall ist eine britische Forscherin, die ihr Leben der Beobachtung und der Erforschung des Sozialverhaltens von Menschenaffen gewidmet hat."

Die Affen turnten an den Bäumen. Ein Affenkind mit dem Spitznamen „Wilde Hilde" spielte in einer Ecke mit einem Plastikball und begeisterte das Publikum mit seiner Verwegenheit. Einer der Jungen forderte das Schicksal heraus und steckte einen Schokoladenriegel durch das Gitter. Weil die Neugier des Affenbabys größer war als seine Angst, kam es an das Gitter. Blitzschnell griff es den Riegel und aß die Schokolade auf. Das Lachen der Kinder, die das Geschehen beobachtet hatten, hallte noch lange durch den Zoo.

Amüsiert griff die Mutter zu ihrem Geldbeutel: „Zum Abschluss spendiere ich euch jetzt noch ein Eis!"

201 Wörter

* einfach

Substantivierungen

Substantivierte Verben

Als Substantiv gebrauchte Verben werden großgeschrieben. Man erkennt solche substantivierten Verben daran, dass ein Artikel vorangestellt ist.

Das **S**ingen ist meine Leidenschaft. · Sie hat das **R**echnen von ihrer Schwester gelernt.

Aufgepasst:

- Oft verschmilzt der bestimmte Artikel mit einer Präposition.

  Beim (= bei **dem**) **R**eiten habe ich Spaß.

- Fehlt der Artikel, dann kann man groß- oder kleinschreiben.

  Er lernt jetzt **M**alen/**m**alen.

Auch **zusammengesetzte Verben,** die man wie ein Substantiv verwendet, werden großgeschrieben.

Im Winter geht sie jeden Sonntag zum **S**chlittschuhlaufen.

Substantivierte Adjektive

Auch für Adjektive gilt: Werden sie im Satz wie ein Substantiv verwendet, müssen sie großgeschrieben werden. Häufig geht ihnen dann ein Artikel voraus.

Der **B**este gewinnt. · im (in dem) **D**unkeln tappen

Adjektive, die auf **unbestimmte Mengenangaben** (*allerlei, alles, etwas, genug, nichts, viel, wenig*) folgen, werden im Satz als Substantiv verwendet. Daher schreibt man sie immer groß.

allerlei **N**eues · etwas **L**autes · genug **A**lltägliches · nichts **S**chönes · wenig **S**ehenswertes

Anne und der Sternenhimmel

Anne interessiert sich sehr für den Sternenhimmel. Das Finden des Sternbildes Großer Bär, das man auch den Großen Wagen nennt, ist für sie nichts Besonderes. Auch das Auffinden einzelner Sterne, zum Beispiel des Polarsterns, bereitet ihr keine Schwierigkeiten.

Ihr ganzes Wissen stammt aus vielen Büchern: Annes liebster Zeitvertreib ist Lesen/lesen!

Manchmal leistet ihr Laura, Annes kleine Schwester, beim Beobachten des Nachthimmels Gesellschaft. Anne erklärt ihrer kleinen Schwester dann, was sie zuvor gelesen hat. Laura ist beeindruckt. Die beiden stehen im Dunkeln und blicken nach oben. Das Schönste aber ist, wenn sie dabei zufällig eine Sternschnuppe sehen.

„Kannst du den Stern erkennen?", fragt Anne die Schwester. „Natürlich! Ich bin doch nicht blind!" Aufmerksam lauscht Laura den Erklärungen der großen Schwester. Sie freut sich sehr, beim Sternegucken dabei sein zu dürfen. Zum Glück fällt es ihr sehr leicht, sich das Gehörte auch zu merken. Schon vor dem Schlafengehen freut sich Laura dann auf den nächsten Tag, wenn sie mit ihrem neu erworbenen Wissen den Klassenkameraden allerlei Interessantes berichten kann.

167 Wörter

** mittel

Substantivierte Adjektive

Klein schreibt man Adjektive,
- die sich auf ein Substantiv beziehen, das im Satz bereits vorkommt. In diesem Fall musst du dir das fehlende Substantiv dazudenken,
- die im Satz mit *wie?* erfragt werden können.

Junge Hunde sind verspielter als **a**lte (Hunde). · Die großen Fische fressen die **k**leinen (Fische). Lateinarbeiten sind immer am **s**chwierigsten.

Substantivierte Partizipien

Sowohl das **Partizip Präsens** (mit der Endung *-end*) als auch das **Partizip Perfekt** (oft mit Vorsilbe *ge-*) werden großgeschrieben, wenn sie als Substantiv verwendet werden. Auch sie haben häufig einen Artikel.

Der **L**ernende wird müde. · Das **G**elesene ging ihr nicht aus dem Kopf.

Partizipien, die auf **unbestimmte Mengenangaben** (*allerlei, alles, etwas, genug, nichts, viel, wenig*) folgen, werden großgeschrieben.

allerlei **G**ekochtes · wenig **G**elerntes · alles **E**rlebte

Substantivierte Pronomen

- Pronomen, die als Substantive gebraucht werden, schreibt man groß.

das **D**u anbieten · Der Hund ist eine **S**ie.

- Pronomen, die als Stellvertreter gebraucht werden, schreibt man dagegen klein.

In diesem Wald hat sich schon **m**ancher verirrt.

Gefährlicher Ausflug

Am Ende unseres gestrigen Fahrradausflugs ereignete sich ein Zwischenfall, der unsere Nerven aufs Äußerste strapazierte. Auf unserem Rückweg mussten wir über eine achtspurige Brücke, die jetzt am Nachmittag am dichtesten befahren war. Die älteren Jungen fuhren den kleineren voraus und die schnellsten hatten die höchste Stelle der Brücke bereits erreicht, als sie plötzlich anhielten. Obwohl die Räder alle vor kurzem überprüft worden waren, hatte jemand einen Platten. Das Klügste wäre es gewesen, auf die Nachfolgenden zu warten, denn unser Lehrer hatte uns immer wieder aufs Eindringlichste vor dem Überqueren der Brücke gewarnt.

Nichts Gelerntes schien jedoch in diesem Moment zu zählen und zudem winkte auf der anderen Seite einer der Unseren mit einem Ersatzreifen. So trat der angeblich mutigste der Schüler mit viel Getöse auf die Fahrbahn. Er schien sich nicht im Entferntesten der Gefahr bewusst zu sein.

Am quälendsten war unsere Machtlosigkeit, denn über kurz oder lang musste ein Unglück geschehen. Der Schüler hatte schon fast den gegenüberliegenden Bürgersteig erreicht, als ein Auto auf der äußersten Spur heranschoss. Der Wagen erfasste den Schüler an den Füßen und schleuderte ihn einige Meter weiter. Der Verletzte blieb mit Prellungen liegen. So mancher traute sich nicht mehr auf die Straße zu blicken!

Heute ist das Erlebte auf dem Schulhof wichtiges Gesprächsthema, ebenso die Entscheidung der Schulleitung, dass bis auf weiteres kein Fahrradausflug mehr stattfindet.

222 Wörter

*** schwierig

Besonderheiten

Paarformeln

Undeklinierte Adjektive (d. h. Adjektive in der Grundform), die mehrere Personen gemeinsam bezeichnen, werden großgeschrieben. Man nennt sie Paarformeln.

Alte und **J**unge · **G**roß und **K**lein · **A**rm und **R**eich

Substantivisch gebrauchte Adverbien, Präpositionen, Konjunktionen und Interjektionen (Ausrufe) schreibt man groß. Sie treten häufig ebenfalls als Paarformeln auf.

Drum und **D**ran · das **F**ür und **W**ider · **O**b und **W**ie · **W**eh und **A**ch

Zahlwörter

Alle **Grundzahlen** (Kardinalzahlen) schreibt man klein.

Die **z**wei sind nett. · Sie wollte um **a**cht anrufen.

Aufgepasst: Eine Grundzahl schreibt man groß, wenn sie eine Ziffer oder einen Zahlwert bezeichnet.

Er fürchtet die **D**reizehn.

Zahlwörter, die als Substantiv verwendet werden, werden großgeschrieben.

Es gibt ein **D**utzend Möglichkeiten.

In solchen Fällen schreibt man auch **unbestimmte Zahladjektive** groß.

alles **M**ögliche · die **E**inzige

Aufgepasst: Die vier Zahladjektive *viel, wenig, eine, andere* werden in allen Formen kleingeschrieben.

Das haben schon **v**iele erlebt.

Fußball, ein Mannschaftssport

Fußballspieler sind Mitglieder eines Teams mit elf Spielern, in dem es niemals drunter und drüber gehen darf. Das tägliche Training beginnt um sechs Uhr abends. Jeder Einzelne muss sich ohne Für und Wider den Anordnungen des Trainers fügen. Zeigen sich beim Laufen Konditionsprobleme, hilft kein Weh und Ach und die ganze Elf muss ein paar Runden extra ums Stadion laufen.

Auch das Platzwechseln hin und her auf dem Rasen will geübt sein. Wenn der Linksaußen Schwierigkeiten beim Köpfen hat und der Ball zu oft ins Aus geht, heißt es einschleifen, sonst zieht die gesamte Mannschaft den Kürzeren. Jeder leistet sein Möglichstes, aber nur die Besten werden aufgestellt. Das haben schon viele erlebt, das gehört zum Auf und Ab einer Spielerkarriere.

Fällt der Schiedsrichter beim Spielen eine ungünstige Entscheidung, hilft kein Wenn und Aber. Auch wenn während des Diskutierens die Wogen der Erregung bei Alten und Jungen hochgehen, erweist sich der Spruch des Schiedsrichters im Nachhinein doch als richtig. Deswegen ist es ratsam, mit dem Beschimpfen des Unparteiischen vorsichtig zu sein, denn hat man Beleidigendes erst einmal ausgesprochen, gibt es kein Zurück.

181 Wörter

** mittel

Tageszeiten und Zeitangaben

Tageszeiten können als Substantiv auftreten. Man erkennt sie meist am vorangehenden Artikel, auch wenn dieser mit einer Präposition verschmolzen ist (*am* → *an dem*). Sie werden großgeschrieben.

Der **M**orgen ist die stressigste Tageszeit. · Am **N**achmittag ist es im Schulgebäude still.

Manchmal ist auch eine **Präposition** das Erkennungszeichen, das auf den substantivischen Gebrauch einer Tageszeitangabe hinweist.

gegen **M**orgen einschlafen · nach **M**itternacht ausgehen

Tageszeiten, die **nach** den **Adverbien** *vorgestern, gestern, heute, morgen* und *übermorgen* stehen, werden ebenfalls großgeschrieben.
Aufgepasst: Die Zeitangaben *vorgestern, gestern, heute, morgen* und *übermorgen* sind Adverbien und werden kleingeschrieben, ebenso die Zeitangaben, denen ein *-s* angehängt wurde.

vorgestern **A**bend · übermorgen **M**ittag · heute **N**achmittag

Wir waren **g**estern im Schwimmbad. · Das Wetter **h**eute ist scheußlich. · **f**rühmorgens · **m**ittwochs · **n**achts

Wochentage sind ebenfalls Zeitangaben und man schreibt sie groß. Auch sie erkennst du meist am Begleiter.

Das Fest findet **am S**amstag statt. · **Am M**ontagabend gehen wir ins Kino.

Die Fahndung

Nachdem Kommissarin Seifert heute Morgen über die Leiche des Bäckermeisters im Bach informiert worden war, war sie sofort losgefahren. Als sie mittags gemeinsam mit ihrem Kollegen in dem kleinen Dorf eintraf, gab es bereits einige Anhaltspunkte.

Nach Aussage seiner Frau war der Bäckermeister gestern wie üblich abends gegen neun Uhr ins Bett gegangen, nachdem er am späten Nachmittag mit einigen Bekannten in der Dorfschenke zusammengesessen hatte. Dort hatte er erzählt, dass er am nächsten Morgen eine größere Summe in bar mit in die Backstube nehmen wollte, um den Müller zu bezahlen. Man erwähnte nebenbei, dass seit vorgestern Mittag ein Unbekannter in der Dorfschenke wohnte, der ebenfalls in der Gaststube anwesend war. Dieser war heute Vormittag jedoch wieder abgereist, nachdem er morgens bereits bei Sonnenaufgang einen Spaziergang gemacht hatte, wie sich der Wirt erinnerte, der nachts manchmal seinen Hund rausließ.

Mehrere Leute konnten den Unbekannten beschreiben, sodass schon nachmittags die Fahndung eingeleitet wurde. Als der Mann am späten Freitagabend von der Polizei geschnappt wurde, trug er das Geld des Bäckers noch bei sich.

172 Wörter

** mittel

Geografische Namen und Titel

Großgeschrieben werden
- alle **von** geografischen **Eigennamen abgeleiteten Wörter** auf *-er* sowie

der **K**ölner Dom · die **S**chweizer Schokolade

- Adjektive, die zum **festen Bestandteil** eines Eigennamens geworden sind.

das **R**ote Rathaus in Berlin · die **S**chwäbische Alb

Aufgepasst: Dies gilt nicht für Ableitungen auf *-isch, -ische, -ischer, -sch* sowie feste Verbindungen, die nicht zu einem Eigennamen gehören.

das **b**ayrische Kochbuch · die **d**änische Küste das **n**eue Jahr

Zusammensetzungen mit mehreren oder mehrteiligen Namen werden ebenfalls großgeschrieben. Sie werden mit Bindestrich verbunden.

Theodor-**H**euss-**G**ymnasium · **S**t.-**M**arien-**K**irche

In **Buch-, Filmtiteln** usw. wird das erste Wort großgeschrieben. Der Titel steht in Anführungszeichen.

Kennst du das Buch „**D**rei Männer im Schnee“? · Gestern habe ich „**F**indet Nemo“ gesehen.

Aufgepasst: Eine Ausnahme sind Zeitschriftennamen.

Meine Mutter liest donnerstags **d**ie Zeit.

Jakob, der Weltenbummler

Meine Mutter liest die Zeit und hat neulich diese Geschichte entdeckt:

Nachdem ein gewisser Jakob seinen Abschluss an der Hans-Müller-Schule gemacht hatte, entdeckte er seine Reiseleidenschaft. Mittlerweile ist Jakob viel in der Welt herumgekommen. Er findet alles Fremde interessant und freut sich auf neue Entdeckungen.

Jakob kennt die australische Wüste und fing mit den Cowboys Südamerikas zusammen argentinische Rinder. Im Londoner Tower bekam er eine Gänsehaut, von der er sich an italienischen Stränden erholen musste. Die ägyptischen Pyramiden bestaunte Jakob ebenso wie den Pariser Eiffelturm. Im Norden Russlands machte er Bekanntschaft mit der sibirischen Kälte und kaufte sich daher eine Fellmütze, die ihm in den Schweizer Alpen wertvolle Dienste leistete. Die echten Salzburger Nockerln schmeckten ihm ebenso wie japanischer roher Fisch; da ist Jakob recht aufgeschlossen. Erst kürzlich hat sogar das Fernsehen in der Dokumentarsendung „Mit Jakob durch die Welt“ von seinen Abenteuern berichtet. Er kennt die Sitten der Länder, offene Freundlichkeit ist echt amerikanisch, vornehme Zurückhaltung dagegen ein Zeichen der Briten. Wenn er aber von einer Reise zurückkommt, freut er sich auf bayrisches Bier und verdrückt Unmengen Königsberger Klopse. Bis ihn die Reiselust wieder packt …

187 Wörter

*** schwierig

Grundsätzlich gilt:

Alle Substantive werden großgeschrieben – ebenso Wörter aus anderen Wortarten, wenn sie als Substantiv verwendet werden **(Substantivierungen).**

Meistens geht solchen Substantivierungen ein Artikel voraus – wenn nicht, dann musst du ihn dir einfach dazudenken.

Das Lesen ist ihr liebstes Hobby. · am Ersten des Monats (= an **dem** Ersten des Monats)

Aber:

Es gibt auch Wörter, die ihre Aufgabe als Substantiv verloren haben und die Aufgabe einer anderen Wortgruppe übernehmen. Solche **Desubstantivierungen** schreibt man klein! Regel: Wörter, die mit *sein* oder *werden* als Adjektive gebraucht werden, schreibt man klein.

angst werden · bange sein · gram sein · recht/unrecht sein · schuld sein
ebenso: unrecht *tun*

Dieselben Wörter werden in Verbindung mit anderen Verben großgeschrieben:

mit anderen Verben
Dieser Hund macht mir **A**ngst.
Vor Mathe habe ich **B**ange.
Der Lehrer hat **R**echt behalten.
Er hat ihm ein **U**nrecht angetan.
Sie gibt dem Sohn die **S**chuld.

mit *sein* oder *werden*
Mir *wird* **a**ngst.
Mir *ist* **a**ngst und **b**ange.
Es *ist* mir **r**echt.
Ihr habt ihm **u**nrecht getan.
Du *bist* **s**chuld.

Es gibt Wörter, die einmal als Substantiv, einmal als Präposition verwendet werden. Für die Schreibung ausschlaggebend ist immer die Stellung im Satz.

als Substantiv
Zum **Dank** für ihre Hilfe …
Ein Schultag kostet viel **Kraft.**
Es geht nach seinem **Willen.**
Die Zeit vergeht wie im **Fluge.**

als Präposition
dank deiner Hilfe
Sie entschied **kraft** ihrer Position.
um ihres Kindes **willen**
zeit seines Lebens

Bestimmte **Zahlwörter** können, wenn sie eine unbestimmte, nicht in Ziffern schreibbare Menge bezeichnen, groß- oder kleingeschrieben werden.

Aufgepasst: Ab einer Million schreibt man Zahlsubstantive groß.

Ich habe es dir **d**utzende/**D**utzende Male gesagt.
Mehrere **h**undert/**H**undert Leute standen vor der Disko.
Der Verlust geht in die **t**ausende/**T**ausende.

Bruch- und Ordnungszahlen schreibt man groß, wenn man sie substantivisch verwendet,

ein **V**iertel vom Kuchen
Ich war die **L**etzte.

➔ ... und klein vor Maßangaben, falls sie auf *-tel/-stel* enden.

ein **v**iertel Kilogramm
eine **t**ausendstel Sekunde

Manche Wörter kann man als **feste Zusammensetzung** oder auch als **Wortgruppe** betrachten. Dann kannst du dir aussuchen, wie du schreiben möchtest.

auf Grund	mit Hilfe	➔	aufgrund	mithilfe
zu Lasten	zu Mute sein		zulasten	zumute sein
von Seiten	im Stande sein		vonseiten	imstande sein
zu Grunde	in Frage kommen		zugrunde	infrage kommen

Besonders knifflig ist auch die Schreibung von **festen Verbindungen aus Adjektiv und Substantiv.**

- Bestimmte feststehende Begriffe werden großgeschrieben, obwohl keine Eigennamen vorliegen.

Titel- oder Amtsbezeichnungen: der **H**eilige Vater
Arten und Rassen in der Biologie: der **D**eutsche Schäferhund
Besondere Kalendertage: der **W**eiße Sonntag · der **E**rste Mai
Historische Ereignisse: der **Z**weite Weltkrieg · der **S**iebzehnte Juni

- In substantivischen Wortgruppen, die zu festen Verbindungen geworden sind, schreibt man Adjektive klein.

die **u**ngarische Salami · die **t**ürkische Pizza · das **s**chwarze Brett

3 Getrennt- und Zusammenschreibung

Getrennt oder zusammen? Das ist eine der kniffligsten Fragen, wenn es im Deutschen um die richtige Schreibung geht.
Merke dir einfach: Die **Getrenntschreibung** ist der **Normalfall.**

sitzen bleiben · da sein · allein erziehend · Gewähr leisten · Krebs erregend

Verbindungen mit Verben

Verbindungen mit *sein* werden immer getrennt geschrieben.

laut sein · allein sein · böse sein · getrennt sein · dagegen sein

Verb + Verb

Treffen in Verbindungen zwei Verben aufeinander, wird getrennt geschrieben.

kennen lernen · bleiben lassen · hängen bleiben · lieben lernen · bestehen bleiben

Aufgepasst: Der substantivische Gebrauch solcher Zusammensetzungen verlangt die Zusammenschreibung.

Das Getrenntsein am Wochenende tut ihrer Beziehung nicht gut. · ein Probeheft **zum Kennenlernen**

Zusatzunterricht

In diesem Schuljahr bleibt Laura freitags länger in der Schule. Sie soll Tastaturschreiben lernen. Obwohl sie viel lieber ein Buch lesen würde, kann sie ihrer Mutter, die sie für den Kurs angemeldet hat, nicht wirklich böse sein. Laura weiß selbst, dass ihr die zusätzlichen Kenntnisse später nützlich sein werden, wenn sie in einer höheren Klasse ein Referat abgeben muss. Schließlich lernen die Kinder von heute nicht mehr auf alten Schreibmaschinen, sondern auf modernen Computertastaturen.

Zum Glück ist die Lehrerin ganz nett und toleriert so manchen Schabernack. Als es ihr einmal aber doch zu bunt wird, ruft sie aus: „Kinder, ihr sollt nicht so laut sein! Ihr sollt diesen Unfug bleiben lassen und auf euren Stühlen sitzen bleiben. Nur wer fleißig übt, der wird die Tastatur richtig beherrschen lernen." Dann teilt sie ein neues Arbeitsblatt aus: einen Übungstext zum Kennenlernen der Fingersätze für die Zahlentasten.

Nun lockert die Lehrerin den Unterricht mit ein paar gymnastischen Übungen auf. Als es weitergeht, ermahnt sie die Kinder: „Ihr sollt euren Rücken gerade halten und die Hände locker lassen!"

Die nette Lehrerin kann den Kindern so manchen Fehler gar nicht übel nehmen. Am Ende des Schuljahres wird sie sich damit zufrieden geben, wenn es einigen Schülerinnen und Schülern gelingt zu tippen, ohne ständig auf die Tastatur zu schauen. Die Lehrerin weiß schließlich ganz genau: Nicht jedem Kind macht das Schreibenlernen Spaß!

226 Wörter

** mittel

Substantiv + Verb

Wortgruppen, deren erster Bestandteil ein Substantiv und deren zweiter Bestandteil ein Verb oder ein Partizip Präsens ist, werden getrennt geschrieben.

Klavier spielen · Eis laufen · Rad fahren · Daten verarbeitende Maschinen

Aufgepasst: Der substantivische Gebrauch solcher Wortgruppen verlangt die Zusammenschreibung.

Das Eislaufen macht mir keinen Spaß.

Es gibt Verbindungen aus Substantiv und Verb, die einen **feststehenden Begriff** bilden, d. h., die Substantive sind kaum noch in ihrer ursprünglichen Bedeutung erkennbar. Solche Verbindungen werden zusammengeschrieben.

haushalten · handhaben · schlafwandeln · heimsuchen · standhalten · preisgeben · wettmachen

Aufgepasst: Da diese Verbindungen **trennbar zusammengesetzt** (↑ S. 32) sind, wird der substantivische Bestandteil auch dann kleingeschrieben, wenn die Bestandteile aufgrund ihrer Stellung im Satz getrennt stehen.

Sie **gab** ihr Geheimnis **preis.** · Er **hielt** der Versuchung **stand.**

Adjektiv + Verb

Verbindungen aus einem Adjektiv mit einem Verb werden getrennt geschrieben, wenn der erste Bestandteil eine **Ableitung** auf *-ig, -isch* oder *-lich* ist.

läst**ig** fallen · log**isch** denken · deut**lich** reden

Redekunst

In der tschechischen Hauptstadt Prag strapazierte ein englischer Angeklagter die Nerven des Gerichts, indem er endlose Reden hielt. Sein Ziel war es, dem Richter durch seinen Monolog lästig zu werden und ihn in den Wahnsinn zu treiben. Der Richter forderte, dass er Maß halten solle, womit er bei dem Beschuldigten allerdings kein Gehör fand. Er nutzte eine Besonderheit des tschechischen Rechts, das Verteidigungsreden kein Zeitlimit setzt.

Die erste Übersetzerin durfte heimgehen, nachdem sie vor Erschöpfung zusammengebrochen war. Sie konnte dem Redeschwall gerade mal zwei Tage standhalten. Ein paar arbeitsfreie Tage sollten die überstandenen Anstrengungen wieder wettmachen. Der Engländer hätte theoretisch Monate reden können, da das Gesetz nicht vorschreibt, dass er direkt zum Thema sprechen muss. Der Richter konnte die Situation also gar nicht anders handhaben. Glücklicherweise beschränkte der Angeklagte sich auf nur wenige Wochen. In dieser Zeit gab er alle wichtigen und unwichtigen Details aus seinem Leben preis.

Er erzählte, wie er täglich zum Waschsalon ging, um seine Wäsche zu waschen. Zudem war er ein leidenschaftlicher Wintersportler. Regelmäßig ging er Eis laufen, Schlitten und Ski fahren, wobei er das Skifahren zu seiner Lieblingssportart erklärte. Der Richter drohte schließlich irrezuwerden, beinahe glaubte er, einem Feuer speienden Drachen gegenüber zu sitzen. Daher unterbrach er schließlich die Verhandlung für mehrere Tage.

208 Wörter

*** schwierig

Adjektiv + Verb

Verbindungen aus einem Adjektiv mit einem Verb werden auch dann getrennt geschrieben, wenn das Adjektiv **gesteigert** oder **erweitert** werden kann. Ist das Adjektiv nicht steiger- oder erweiterbar, wird zusammengeschrieben.

hell strahlen (**heller** strahlen) · **gut** meinen (**besser** meinen)
fernsehen · hochrechnen · wahrsagen

Adverb + Verb

Verbindungen zwischen Adverb und Verb werden getrennt geschrieben. Dazu zählen auch Verbindungen, deren erster Bestandteil mit *-einander* oder *-wärts* gebildet wird.

zunichte machen · vorlieb nehmen · auf**einander** zugehen · ab**wärts** gehen

Für den substantivischen Gebrauch gilt Zusammenschreibung.

das Abwärtsgehen

Präposition + Verb

Verbindungen von Präpositionen mit einem Verb sind

- **untrennbar,** wenn sie in allen gebeugten Formen zusammengeschrieben werden,

  übertreten · widersprechen · unterziehen

- **trennbar,** wenn die Stellung des Wortes im Satz bedingt, dass sie getrennt geschrieben werden. Sie werden nur im Infinitiv, in den beiden Partizipien und bei Endstellung im Nebensatz zusammengeschrieben.

  aufgehen → Die Sonne **geht auf**. · auffallen → Er **fällt** zwischen all den kleinen Kindern besonders **auf**.

Die Konferenz der Tiere

Annika und Lilly dürfen heute Abend fernsehen. In den Kindernachrichten wird der folgende Text vorgelesen:

Die Menschen auf der Erde übertreten Grenzen, führen daraufhin Kriege und halten schließlich Konferenzen ab, um wieder Frieden zu schließen. Doch leider haben die wenigsten Konferenzen tatsächlich Erfolg, auch wenn sie gut gemeint sind, denn aufeinander zugehen bedeutet mehr als miteinander reden.

Die Tiere der Welt beobachten dieses Treiben der Menschen und überlegen, wie sie es fertig bringen können, diesen tödlichen Kreislauf zu unterbrechen. Parallel zur 87. Konferenz der Staatsmänner treffen sich die Tiere zu ihrer ersten Zusammenkunft. Sie beschließen, den Menschen zu widersprechen und sie ihrer Vernunft zu unterwerfen.

Zuerst überfallen die Nagetiere die Büros der Menschen und fressen deren Akten. Danach werden die Motten auf die Soldaten gehetzt, um deren Uniformen zu zerstören, denn die Militärs verkörpern die Macht der Staatsmänner.

Doch die Menschen bleiben stur, woraufhin die Tiere schlussfolgern, dass nur die Entführung der Kinder zum Nachgeben der Menschen führen kann. Sie verstecken die Kinder in unbekannten Gegenden, was endlich bewirkt, dass die Staatsmänner ihre Konferenz unterbrechen. Sie unterschreiben schließlich den Vertrag mit den Tieren, da sie den Widerstand der Eltern fürchten.

190 Wörter

** mittel

Weitere Verbindungen

Substantiv + Präposition

Eine Verbindung aus Substantiv und Präposition schreibt man zusammen, wenn das **Substantiv verblasst** ist. Sie ist dann zu einer neuen Präposition oder zu einem Adverb geworden.

anstelle · infrage · inmitten

Verbindungen mit Adjektiven

Sie werden zusammengeschrieben, wenn

- einer der Bestandteile oder beide **nicht allein vorkommen** können,

  mehrdeutig · erstmalig

- die Bestandteile **aus unterschiedlichen Wortarten stammen** und zu einem Ganzen verschmolzen sind,

  blauäugig · großspurig

- der erste Bestandteil dazu dient, den zweiten in der Bedeutung zu **verstärken** oder zu **vermindern,**

  brandneu · stockdunkel · hochoffiziell · dunkelblau

- der erste Bestandteil *irgend-* ist.

  irgendein · irgendetwas · irgendwie · irgendwelche

Der getrocknete Python

Ein englischer Elektrotechniker hat bei der Reparatur eines brandneuen Wäschetrockners eine ungewöhnliche Fehlerursache entdeckt: In dem Gerät befand sich eine riesig große Würgeschlange von 1,80 Meter Länge.

Der Käufer des Geräts hatte sich bei der Firma hochoffiziell beschwert, dass der Wäschetrockner nach erstmaligem Gebrauch streikte und seine blendend weiße Wäsche nicht trocknete. Da der Kunde die Qualität der Maschine infrage stellte und wegen der gültigen Garantie, holte die Firma das Gerät sofort wieder ab. Ein Mitarbeiter wurde mit der Fehlersuche betraut, wobei er anstelle eines technischen Defekts den grünlich gelben Python fand. Der Angestellte sei daraufhin schrecklich nervös durch die Werkhalle gelaufen. „Ich habe ihn noch niemals so weiß im Gesicht gesehen“, sagte ein Mitarbeiter.

Auf der Suche nach der Herkunft des Tieres wurde der Kunde befragt, der nur widerwillig und schlecht gelaunt Auskunft gab. Es stellte sich heraus, dass das Tier ihm gehörte und in seiner Wohnung irgendwann in den Trockner gekrochen war. Wahrscheinlich liebte die Riesenschlange das feuchte und drückend heiße Klima im Innern des Trockners. Die Hitze hatte sie wohl an ihre tropische Heimat erinnert.

In einem Gespräch über die Übernahme der Reparaturkosten wurden sich die Firma und der Kunde schließlich irgendwie einig.

Zum Glück sind Schlangen als wechselwarme Tiere hitzebeständig und so konnte der Python seinem Besitzer zurückgegeben werden.

213 Wörter

** mittel

Getrennt oder zusammen?

Mnchae Setzä knnöen wir lseen, achu wnne die Reneihfloge dre Bchustbaen in den Wertörn nchit rchitig ist. Das ist eine Super-Leistung unseres Gehirns.
Manchmal macht es aber einen Unterschied, wie ein Wort geschrieben wird, um einen Satz zu verstehen. Du musst also beim Schreiben immer mitdenken.

Getrenntschreibung	Zusammenschreibung
Die Familie **setzt** mit der Fähre nach Schweden **über.**	Maike **übersetzt** Kinderbücher ins Deutsche.
Das Kind **holt** sich **wieder** ein Comicheft am Kiosk.	Die Lehrerin wünscht, dass er die Klassenarbeit **wiederholt.**
Der Vater **brach** die Schokoladentafel **durch.**	Der Bankräuber **durchbrach** die Absperrung.
Meine Schwester hat den Aufsatz **gut geschrieben.**	Die Bank hat mir das Geld **gutgeschrieben.**
Der Politiker wollte seine Fernsehrede **frei halten.**	Wir bitten, die Ausfahrt wegen eines Umzugs **freizuhalten.**
Der Arzt fordert ihn auf, den Oberkörper **frei zu machen.**	Wenn Sie diesen Brief **freimachen,** kommt er an.
Der Schüler hat auf dem Spickzettel **klein geschrieben.**	Adjektive werden meistens **kleingeschrieben.**
Sie haben die Schulbank **zusammen gedrückt.**	Sie hat den Karton **zusammengedrückt.**
Sie sind **zusammen** in Urlaub **gefahren.**	Die Radfahrer sind vor Schreck **zusammengefahren.**
Der Portier hat die Koffer **zusammen** ins Zimmer **gebracht.**	Er hat die Gegner **zusammengebracht.**
Wir werden den Blinden **zusammen führen.**	Die Flüchtlinge werden im Lager **zusammengeführt.**
Wir können den Hof **zusammen kehren.**	Hast du die Scherben **zusammengekehrt?**
In den neuen Wanderschuhen kann man **sicher gehen.**	Er will mit diesem Vertrag **sichergehen.**

Auch für die Getrennt- und Zusammenschreibung bei *zu* gilt: **Zwei Schreibweisen – zwei Bedeutungen,** je nachdem, welche Aussage man machen will.

Getrenntschreibung ist erforderlich, wenn die Betonung beim Sprechen nicht auf *zu* liegt:	Zusammenschreibung ist erforderlich, wenn die Betonung beim Sprechen auf der Vorsilbe *zu-* liegt:
Sie hasst es, so früh schon nach Hause **zu gehen.**	So wie du gepackt hast, wird der Koffer nicht **zugehen.**

Die folgenden Kombinationen von Wörtern haben ebenfalls eine unterschiedliche Bedeutung, je nachdem, wie sie verwendet werden. Für die Getrennt- und Zusammenschreibung von *nach dem / nachdem, seit dem / seitdem* sowie *in dem / indem* gilt:

Der Gebrauch dieser Wortgruppen als Präposition und Artikel erfordert die Getrenntschreibung:	Konjunktionen, die einen Nebensatz einleiten, werden zusammengeschrieben.
Sie bat ihre Freundin, **nach dem** Spiel auf ein Eis zu ihr zu kommen.	Sie bat ihre Freundin um ein Eis, **nachdem** sie die Hausaufgaben erledigt hatten.
Seit dem Sieg haben sie nicht mehr trainiert.	**Seitdem** sie gewonnen haben, freuen sie sich auf das nächste Spiel.
Es war keinerlei Spannung **in dem** Spiel.	**Indem** er regelmäßig Sport treibt, hält er sich fit.

4 Schärfung, Dehnung und Konsonantenhäufung

Schreibung bei kurzem Vokal

Grundsätzlich gilt: Auf einen kurzen betonten Vokal folgen zwei oder mehr Konsonanten. Eine solche Kennzeichnung eines kurz gesprochenen Vokals bezeichnet man als **Schärfung.**

Ma**nn** · schne**ll** · re**tt**en · Ru**ck** · Glü**ck** · kla**tsch**en

Häufig folgen einem kurzen Vokal **Doppelkonsonanten,** wie z. B. *ll, nn, mm, ss, tt* usw.

Karame**ll** · nu**mm**erieren · Flu**ss** · bi**tt**er · Sto**pp** · Ti**pp**

Aufgepasst: Wird ein Wort mit Doppelkonsonant geschrieben, so schreibt man auch alle verwandten Wörter mit Doppelkonsonant.

ke**nn**en – Ke**nn**tnisse – Beka**nn**tschaft – ke**nn**tlich

Auch **Konsonantenkombinationen** kennzeichnen einen kurzen Vokal, z. B.: *ck, st, tz.*

zu**ck**en · Ka**st**en · Mu**sk**el · To**pf** · Ka**tz**e

Es gibt eine Eselsbrücke, die du unbedingt kennen solltest: Nach *l, m, n, r,* das merke ja, folgt nie *tz* und nie *ck!*

Sa**lz** · Ka**lk** · I**mk**er · Ra**nz**en · A**rzt**

Das Küchenunglück

Tina will heute eine Suppe kochen. Patent, wie sie ist, besorgt sie Fleisch, Gemüse und Kartoffeln. Sie schafft den größten Topf aus dem Keller herbei und schnippelt alles klein. So weit, so gut. Kaum kommt der kleine Bruder Tom aus der Schule, steckt er seine Nase in die Küche und betrachtet seine Schwester spöttisch. „Du willst kochen? Mensch, bei dir brennt doch sogar Wasser an!" Wütend knallt Tina die Tür zu und macht sich ans Werk. Fleisch anbraten, Wasser aufgießen, Zutaten hinein, Salz und Pfeffer dazu, Herd auf mittlere Hitze schalten. In diesem Moment kracht es laut in Mutters Arbeitszimmer. Tina lässt alles fallen und stürmt nach oben.

Dort steht Tom vor dem Lattenregal und starrt seine Schwester betroffen an. „Ich wollte nur die neuen Bücher von Mama anschauen. Als ich sie herunternehmen wollte, ist das Ding zusammengebrochen." „Du kommst doch gar nicht an das oberste Regal dran. Ich wette, du bist auf das unterste Brett geklettert!"
Tina überlegt: Wenn wir das nicht schnell in Ordnung bringen, erlauben die Eltern nicht, dass wir am Wochenende mit unseren Freunden an die Klippen gehen.

Mühsam bauen Tina und Tom das Regal wieder auf. Plötzlich schnuppern sie misstrauisch. Etwas stinkt! Die Suppe! Eilig rennt Tina zurück in die Küche. Auf einmal knarrt die Haustür. Der Vater steht im Flur und schnüffelt. Die Suppe ist nicht mehr zu retten, doch zum Glück nimmt der Vater die Geschichte gelassen hin. Und im Kühlschrank sind noch Eier und Milch, auch Mehl und Zucker sind noch da. Na, dann gibts heute eben Pfannkuchen!

Nicht farbig hervorgehoben: *und, ist*

256 Wörter

* einfach

4

Schreibung bei langem Vokal

Ein langer Vokal klingt zwar immer wie ein einzeln ausgesprochener Vokal, das Schriftbild allerdings variiert ziemlich stark.

R**ah**m · H**aa**r · Fl**ie**ge · T**a**ler · Sp**u**k

Dehnungs-h

Ein Mittel, einen lang gesprochenen Vokal im Schriftbild zu kennzeichnen, ist das so genannte Dehnungs-h, d. h., auf den Vokal folgt der Buchstabe *h*.

le**h**ren · Ru**hm** · So**h**n · Hö**hl**e · i**h**r · za**hm**

Aufgepasst:

- Das Dehnungs-h zieht sich durch die gesamte **Wortfamilie.**

  Za**h**l – zä**h**len – za**h**lreich

- Einige Wörter werden mit *-eih* geschrieben, aber das *h* ist kein Dehnungs-h. Es gehört zur nächsten Silbe (lei-hen). Am besten, du lernst diese Wörter auswendig.

  Ged**eih**en · verz**eih**en · R**eih**e · w**eih**en · W**eih**er

Doppelvokal

Werden die Vokale *a*, *e* oder *o* lang gesprochen, können sie auch verdoppelt werden.

S**aa**l · S**ee**le · M**oo**s · M**oo**r

Aufgepasst: Umlaute werden nicht verdoppelt.

Fests**aa**l – Fests**ä**le · B**oo**t – B**ö**tchen

Ein Kartentrick

Der berühmte Zauberer Abraxas hat einen Auftritt auf dem Schulfest im Großen Saal. Im Anschluss an die Vorführung betteln die Kinder: „Bitte verrate uns doch ein paar Tricks!" Abraxas überlegt, dann fängt er an einen zu erklären:

„Nimm ein Kartenspiel und drehe die unterste Karte unauffällig um, sodass sie mit der Bildseite gegen die Bildseiten der übrigen Karten liegt. Fächere die Spielkarten mit den Rücken nach oben leicht auseinander. Lass aber nicht die umgedrehte unterste Karte sehen. Nun hat einer der Anwesenden die Qual der Wahl: Er soll eine Karte ziehen und sie sich merken. Während er sie studiert, drehst du das Spiel sehr schnell um, sodass die verkehrt liegende unterste Karte oben liegt. Lass dir die gezogene Karte mit der Bildseite nach unten wiedergeben und schiebe sie in das Spiel zurück.

Halte es aber gut zusammen, damit niemand sieht, dass die übrigen Karten – bis auf die Deckkarte – mit der Bildseite nach oben liegen. Tritt nun mit dem Rücken zum Publikum an den Tisch und lege die Karten – Bildseite nach oben – auf. Dabei drehst du die Deckkarte und die eingeschobene Karte, die du dir merkst, ziemlich schnell um. Nun wende dich um und bewege dich seelenruhig neben den Tisch, sodass alle die Karten sehen können. Dann nimmst du die gezogene Karte, zeigst sie herum und sagst: ‚Das Rätsel ist gelöst.'"

220 Wörter

** mittel

Dehnungs-e

Das *e* als Dehnungszeichen ist zu finden
- **nach** einem ***i*,**
- in **Fremdwörtern,** die mit einem langen *i* enden,
- in **flektierten Verbformen.**

siegen · St**ie**fel
Gen**ie** · Lotter**ie** · Biolog**ie**
bleiben – ich bl**ie**b

Aufgepasst: In einigen wenigen geografischen Namen gibt es ein Dehnungs-e auch nach *a* und *o*.

Str**ae**len · S**oe**st · Itzeh**oe** · Oldesl**oe**

Einzelne, ganz wenige Wörter kombinieren das Dehnungs-e mit dem Dehnungs-h.

z**ieh**en · fl**ieh**en · w**ieh**ern · V**ieh** · du bef**ieh**lst

Langer Vokal ohne Dehnung

Es gibt Wörter im Deutschen, die einen lang gesprochenen Vokal haben, aber ohne Dehnungszeichen geschrieben werden.

R**o**se · L**ü**gen · Sch**u**ster · H**a**se · S**e**gen · R**e**be · Kr**o**ne

Ein Dehnungs-h nach *i* gibt es nicht! Ausnahme: Die Pronomen *ihm, ihr, ihnen, ihrem, ihren*.

Bibel · Gardine

In Vorsilben (Präfixen) wie *ur-* und *un-* und Nachsilben (Suffixen) wie *-tum, -sal, -bar, -sam* werden die Vokale lang gesprochen, obwohl kein Dehnungszeichen geschrieben wird.

uralt · **un**möglich · Alter**tum** · Schick**sal** · wunder**bar** · wach**sam**

Meine Uroma

Meine Uroma war eine kluge Frau. Sie ging niemals unter einer Leiter durch. Wenn sie einer schwarzen Katze über den Weg lief, ging sie nach Hause und streute sich Salz über die Schulter. Dieses Verhalten war ihre beste Medizin. An einem Freitag, dem 13. erledigte sie nur das Nötigste und zog die Gardinen zu, um nicht das Schicksal herauszufordern. Sie suchte auch mit Eifer und Geduld vierblättrige Kleeblätter, die sie dann in dicken Büchern presste. Meist vergaß sie dann, wohin sie die Glücksbringer gelegt hatte, aber glaubte, deren Wunderkraft wirke auch ungesehen. Vielleicht war es auch so.

Als Witwe hatte sie gerade genug zum Leben. Aber sie spielte regelmäßig in der Lotterie. In zwanzig Jahren gewann sie nie mehr als vierzig Euro. Ausgerechnet an einem Freitag, dem 13. im Juli, als die Kleeernte besonders ergiebig war, passierte es: Uroma hatte fünf Richtige!

Flugs organisierte sie ein riesiges Fest für alle Enkel und Urenkel. Ohne Regen, ohne Gewitter, ohne Donnerwetter der Eltern verbrachten wir einen wunderbaren Tag mit Spielen, viel Schlagsahne, Bonbons und Spaß im Garten der Urgroßmutter. Die Erwachsenen labten sich an Hasenbraten und Rebensaft. Am Abend bastelten die Kinder ihrer Uroma eine Krone aus Papier, die sie aber nicht aufziehen wollte. Der Gewinn war verbraten und wir Kinder liebten Uroma umso mehr. Ja, die alte Dame war wirklich ein Genie!

221 Wörter

** mittel

Langer Vokal ohne Dehnung

Die Endsilben *-ine*, *-il* und *-in* finden sich meist in Lehn- oder Fremdwörtern. Aufgrund ihrer Herkunft aus einer anderen Sprache haben sie auch im Deutschen kein Dehnungszeichen.

Apfels**ine** · Masch**ine** · Mandar**ine** · Kroko**dil** · Maga**zin** · Medi**zin**

Konsonantenhäufung

Die Kürze eines Vokals kann nicht nur durch zwei gleiche, sondern auch durch zwei oder mehr unterschiedliche Konsonanten angezeigt werden.

a**rg** · Kä**lt**e · O**rt** · du**mpf** · Ste**rn** · A**kt**e · Sa**nd**

Treffen mehr als zwei verschiedene Konsonanten aufeinander, spricht man von Konsonantenhäufung.

A**bdr**uck · Ma**tsch** · Stru**mpf**

Wortzusammensetzungen

Es gibt Wörter, die aus zwei oder mehreren einzelnen Substantiven zusammengesetzt sind, so genannte **Komposita.** Für sie gilt:

- Endet ein Wort mit dem gleichen Konsonanten, der auch zu Beginn des folgenden Wortes steht, bleiben die beiden Konsonanten unverändert nebeneinander stehen.

  Rei**ss**uppe · Ro**tt**on · schma**ll**ippig

- Treffen bei Wortzusammensetzungen drei gleiche Buchstaben aufeinander, bleiben immer alle erhalten.

  Gewinn + Nummer = Gewi**nnn**ummer

Überfall in der Strumpffabrik

Meldung der Hattenbacher Nachrichten

Am Montag wurde die Strumpffabrik „Duftende Socke" von fünf maskierten Männern überfallen. Der Geschäftsführer wollte abends nach dem Fabrikverkauf schließen und war gerade dabei, die Maschinen abzuschalten, als die mit Strumpfmasken maskierten Männer durch die Tür drängten. Schnell stießen sie die Verkäuferinnen zur Seite und wollten die Kasse öffnen. Weil aber die Schublade klemmte, bedrohten sie eine der Angestellten mit einem Messer. Die bekam einen Asthmaanfall – röchelnd rang sie nach Luft. Erschrocken ließ der Räuber sie los und starrte einen Moment seine Kumpanen an. Diesen Moment nutzte der Strumpfmanager, um drei der Männer mit einem Pappplakat zu Fall zu bringen. Aufgeregt, mit einem kräftigen Rotton im Gesicht, setzten die Verkäuferinnen die anderen beiden mit Dekorationsstücken außer Gefecht. Gefesselt mit Damenstrümpfen reihten die Überfallenen die Täter auf und baten sie vernünftig zu sein. Besonnen rief der Geschäftsführer die Polizei an und bat sie, auch einen Rettungswagen mit Sauerstoffflasche und Medizin für seine asthmakranke Angestellte zu schicken.

Der Prozess gegen die Täter wird im Mai stattfinden. Es wird damit gerechnet, dass sie zu einer Haftstrafe verurteilt werden, weil auf das Konto der Bande auch drei Tankstellen- und zwei Ladenüberfälle gehen.

Nicht farbig hervorgehoben: *und*

192 Wörter

** mittel

4

Lernen muss nicht langweilig sein. Es gibt zahlreiche Möglichkeiten, Diktatwörter spielerisch zu trainieren. Wenn man solche Spiele gemeinsam und um die Wette spielt, machen sie richtig Spaß. Es geht aber auch allein.

Wörterketten

Nimm ein zusammengesetztes Substantiv und verwende den zweiten Teil des ersten Wortes als ersten Teil des neuen Wortes. Vielleicht gelingt es dir ja, die Kette zu schließen.

Fragespiel – Spielwaren – Warenhaus – Hauswand – Wandfarbe – Farbensinn – Sinn**frage**

Viele Wörter aus einem

Nimm ein möglichst langes Wort und schreibe es in Druckbuchstaben auf einen Zettel. Versuche aus den Buchstaben des langen Wortes möglichst viele neue Wörter zu bilden.

Holzlattenregal: Regel, Rolle, rollen, Lager, lagern, Holzlatte, Holz, Latte, Lattenregal, Tal, Taler, Aal, Zoll, Regen, egal, holen, nett, Teller, galant …

Wörter-Memory®

Nimm für jedes Diktatwort, das du üben möchtest, zwei kleine Karteikärtchen. Auf das eine Kärtchen schreibst du das Wort, auf das andere malst du ein Bild oder eine Comicszene. Du kannst auch ein passendes Bild aus einer Zeitschrift ausschneiden und aufkleben.
Aufgepasst: Achte darauf, dass du das Wort auch wirklich richtig schreibst. Sieh im Zweifel zuerst in einem Wörterbuch nach. Spiele das Spiel mit Freunden, Klassenkameraden, deinen Eltern oder Geschwistern.

Buchstabengitter

Nimm den Computer zu Hilfe: Tippe in ein Quadrat so viele Buchstaben wie möglich, ohne darauf zu achten, ob sich sinnvolle Wörter ergeben. Dann nimm die Lernwörter und verstecke sie in dem Buchstabengewirr, indem du einen Teil der Buchstaben ersetzt. Lass etwas Zeit verstreichen, bevor du das Rätsel löst.

ASD**KARAMELL**FJKLÖMRS
HÄ**BOOTE**ZUIOPÜÜPOIZT
AZTREEWQT**OBEN**ÄÖLTFA
MZ**FLIEGE**VMNBCXYSERC
MPOIUZTR**GEDEIHEN**KLJ
EQP**L**TZUTREWQASDFGRB
LZU**E**INBVC**SEELE**ÄÜPQU
POI**H**POIUZTREWQASDMI
ÜÄL**R**QWERÜÄÖLKJHHFKL
WQR**E**JNBGFRTEDSWPAÄE
UIO**R**POIUZ**LOTTERIE**ÄÖ

Verrutschte Wortanfänge

Bitte einen Freund oder eine Freundin, einen Übungstext so abzuschreiben, dass die Wortanfänge verrutscht sind. Schreibe den Text danach richtig ab.

DieS upp ei stni chtme hr zur et te ndo chz umGl ückn im mtd er-Va terd ieG esch ich teg elas se nhin.

Lernspiele am Computer

Es gibt zahlreiche Lernprogramme, die Rechtschreibwissen auf unterhaltsame und spielerische Weise vermitteln. Pädagogisch wertvolle, inhaltlich und gestalterisch gute Programme werden mit Preisen ausgezeichnet. Solchen Preisen, z. B. der Comenius-Medaille, dem Bologna New Media Preis, digita oder dem Prix-Möbius der UNESCO, kannst du vertrauen.

5 Gleich und ähnlich klingende Laute

Gleich und ähnlich klingende Vokale

Im Deutschen gibt es drei gleich klingende Vokale (Selbstlaute) oder Diphthonge: *ä/e, äu/eu, ai/ei.*

W**ä**lle – W**e**lle · H**äu**te – h**eu**te · S**ai**te – S**ei**te

ä und e

Um zu unterscheiden, ob ein Wort mit *ä* oder *e* geschrieben wird, merke dir folgende Regel: Die meisten Wörter mit *ä* lassen sich von einem Wort mit *a* ableiten.

erkl**ä**ren → kl**a**r · Gel**ä**nde → L**a**nd · Gespr**ä**ch → Spr**a**che

äu und eu

Auch *äu* und *eu* klingen gleich. Hier gilt: Die meisten Wörter mit *äu* lassen sich von einem Wort mit *au* ableiten.

schn**äu**zen – Schn**au**ze · H**äu**ser – H**au**s

ai und ei

Für dieses Vokalpaar gibt es leider keine Regel. Du kannst dir aber merken, dass man häufiger mit *ei* schreibt. Wörter, die mit *ai* geschrieben werden, lernst du am besten auswendig.

M**ai**s · Brotl**ai**b · T**ai**fun · H**ai** · K**ai**ser · M**ai**

Windsurfen

Ähnlich einer Riesenwelle schwappte vor ungefähr 25 Jahren die Sportart Windsurfen aus den USA nach Europa herüber. Dieser Sport entwickelte sich allmählich aus dem jahrhundertealten Wellenreiten der Polynesier, die auf schmalen Holzbrettern zwischen den Wellenkämmen ihre abenteuerlichen Kunststücke vollführten.

Eines Tages, nachdem sie sich auf der Flucht vor einem Hai zufällig am Strand getroffen hatten, kamen ein Surfer und ein Segler ins Gespräch. Einer der beiden äußerte die Idee, ein Surfbrett mit einem Segel auszustaffieren. Zwei Jahre tüftelten sie täglich an dieser Idee, dann wurde das Surfbrett mit Segel zum Patent angemeldet. Das anfangs sehr teure Gerät erregte großes Aufsehen und große Freude, als die ersten Käufer versuchten, Brett und Segel zu bändigen. Später wurde es weiter verbessert und fällt heute den Leuten schon lange nicht mehr auf. Doch noch immer ist dieses Sportgerät eine wackelige Angelegenheit und kein Surfer darf in einen Sturm, geschweige denn in einen Taifun geraten.

Es gibt wenige Sportarten, bei denen sich Könner und Anfänger so grundlegend voneinander unterscheiden wie beim Windsurfen. Während die einen über das Wasser segeln, segeln die anderen hinein.

Für den Profi aber gilt: Die besten Surfverhältnisse bieten die Strände auf Hawaii und im Mai sind dort auch oft die Windverhältnisse optimal.

201 Wörter

** mittel

Gleich und ähnlich klingende Konsonanten

Zahlreiche Konsonanten im Deutschen klingen ziemlich ähnlich. Besonders knifflig ist die richtige Schreibung, weil sie an unterschiedlichen Stellen im Wort vorkommen.

v–w · b–p · f–v · g–k · d–t · dt–tt · z–ds–ts–ns · x–ks–cks–gs–chs

b, d, g und p, t, k

Stehen *b, d* oder *g* am Anfang eines Wortes (im **Anlaut**), werden sie weich, d. h. stimmhaft, ausgesprochen, *p, t* und *k* dagegen hart, d. h. stimmlos.

Bein · **d**ippen · **g**önnen
Pein · **t**ippen · **k**önnen

In der Wortmitte (im **Inlaut**) ist der Unterschied manchmal sehr schwer zu hören, ebenso am Wortende (im **Auslaut**). Du hörst aber, ob *b, d, g* oder *p, t, k* geschrieben werden muss, wenn du

- das Wort verlängerst **(Auslautverlängerung)** oder
- ein verwandtes Wort suchst **(Stammwortsuche).**

unglau**b**lich · Ja**g**d

Wan**d** → Wän**d**e · Sar**g** → Sär**g**e
lie**b** → Lie**b**e · Hu**t** → hü**t**en

f-Laute

Der f-Laut wird meistens mit *f* geschrieben, aber auch *v* und *ph* klingen im Deutschen wie ein *f*.

Familie · **v**errückt · **Ph**iloso**ph**

Lediglich in manchen Fremdwörtern wird *v* wie ein *w* ausgesprochen.

Vase · ner**v**ös

Die Verwechslung

An einem Sommerabend in München herrschte dichter Berufsverkehr. Eigentlich wollte Herr Müller mit dem eigenen Auto fahren, doch bei diesen Verkehrsverhältnissen wird er damit auf keinen Fall pünktlich zu seiner Verabredung kommen. Auf den Straßen wird gehupt wie verrückt und so mancher Autofahrer tobt vor Wut, während andere die Arme zum Himmel heben. Deshalb fuhr Herr Müller mit der Straßenbahn in die Stadt, wo in der Oper ein Violinkonzert stattfinden sollte. Weil er seit vielen Stunden gearbeitet hatte, lehnte er sich in die Ecke, um etwas zu schlafen. Bevor er einschlief, bat er den Schaffner, ihn rechtzeitig zu wecken: „Wenn ich nicht gleich wach werde, wenden Sie ruhig Gewalt an." Er dankte im Voraus, dann klappte sein Kopf vornüber und sofort darauf war er eingeschlafen.

Als die Bahn an der Endstation anhielt, wachte der Mann auf. Er fuhr von seiner Bank hoch, wandte sich an den Schaffner und fluchte: „Ich verstehe nicht, warum sie mich nicht rechtzeitig geweckt haben!" Der Schaffner kratzte sich verlegen am Kopf. Der Mann schimpfte weiter lautstark vor sich hin.

Einige Anwesende erschraken und meinten, das solle sich der Beamte nicht gefallen lassen und eine Entschuldigung fordern. Der Schaffner aber wandte sich um und sagte glucksend: „Da hätten Sie unterwegs erst den Krach hören sollen, den der Herr gemacht hat, den ich stattdessen bei der Oper hinausgesetzt habe."

222 Wörter

** mittel

x-Laute

Für den gesprochenen x-Laut schreibt man in einigen Wörtern *x*, *gs*, *chs*, *ks* und *cks*. Auch hier hilft die **Stammwortsuche** – allerdings nicht immer.

Ma**x** · mitta**gs** · Fu**chs** · Mur**ks** · Kle**cks**

flu**gs** → **Flug**

Merke dir: Am Wortanfang (im Anlaut) wird immer *x* geschrieben.

Xaver · **X**ylophon

z und tz

Auch *z* und *tz* klingen gleich. Hier gilt: Folgt der z-Laut auf einen kurzen Vokal, wird mit *tz* geschrieben (**Vokalschärfung,** ↑ S. 38).

Gese**tz** · Ka**tz**e · he**tz**en · wi**tz**ig

Merke dir gut: Am Wortanfang wird immer *z* geschrieben.

Zahn · **Z**eile · **z**ehn · **z**aubern

Endungen -ig, -lich und -isch

Die Endungen *-ig*, *-lich* und *-isch* sind lautlich ebenfalls schwer zu unterscheiden. Wenn du das **Wort** aber **verlängerst,** kannst du die richtige Schreibung meistens heraushören.

Kön**ig** → die heiligen drei Kön**ige** · heiml**ich** → eine heiml**iche** Liebe · himml**isch** → ein himml**isches** Gefühl

Der Dachs und die Katze

In einer windschiefen Hütte am Waldrand lebte eine alte, lausige Hexe. Werktags experimentierte sie in ihrer winzigen Küche, denn sie suchte nach einem Rezept für ein Elixier, das ewiges Leben versprach. Jedes Wochenende aber war sie in der ganzen Welt unterwegs, um heimlich andere Hexen zu belauschen. Ihre schwarze Katze, die sie herzlich liebte, durfte sie auf einem eigenen, winzigen Besen begleiten.

Wieder war ein Wochenende vorüber, ohne dass der Hexe und ihrer Katze eine wichtige Entdeckung gelungen war. Doch als sie vor dem windschiefen Häuschen ankamen, lauerte ein Dachs der Katze auf. Die beiden Tiere unterhielten sich eine Weile, dann verschwand die Katze im Haus. Mit einem riesigen Keks im Maul kam sie wieder heraus, machte einen tiefen Knicks und bedankte sich.

Die Hexe war zwar verwundert, ließ ihr Tier aber gewähren – auch dann noch, als die schwarze Katze eine vorüberhuschende Eidechse mit einem gezielten Hieb mit der Tatze zur Strecke brachte. Gleich darauf erwischte es auch noch einen jungen Spatz.

Die Katze jubelte: „Der Dachs hat mir das gesuchte Rezept verraten! Zum Glück zieht gerade ein heftiges Gewitter auf. Jetzt, wo wir die Eidechse und den Spatz haben, sind alle Zutaten vorhanden. Und ein gewaltiger Blitz wird den Kessel ordentlich aufheizen! Los gehts! Ich freue mich redlich auf das himmlische Gefühl, ewig leben zu dürfen!"

217 Wörter

*** schwierig

5

Gleich und ähnlich klingende Silben und Wörter

Die Vorsilben end- und ent-

- ***end-*** kommt vom Wort *Ende* und hat die Bedeutung von *Schluss*.
  Endspurt · **end**lich
- ***ent-*** hat inhaltlich oft die gleiche Bedeutung wie die Vorsilbe *weg-* *(wegnehmen, loswerden)*.
  Enthüllung · **ent**rätseln

wieder oder wider?

In Zusammensetzungen
- wird ***wieder*** im Sinne von *zurück, erneut* oder *noch einmal* verwendet;
  w**ie**dererzählen
- bedeutet ***wider*** *gegen*.
  w**i**derspiegeln

seid oder seit?

- ***seid*** ist die flektierte Form des Hilfsverbs *sein* (2. Person Plural Präsens).
  Seid ihr alle da?
- ***seit*** ist eine Zeitangabe (Präposition).
  Sie kann **seit** dem Sommer segeln.

Stadt oder statt?

Zusammengesetzte Wörter
- mit ***Stadt/Städte*** haben etwas mit einem größeren Ort zu tun;
  Sta**dt**haus · Stä**dt**ebau
- mit ***statt*** haben die Bedeutung *anstelle/stellvertretend für* oder *Statt/Stätten = Stelle/Platz*.
  sta**tt**dessen · ansta**tt** · Grabstä**tt**e

Das königliche Spiel

Seit Menschengedenken übt Schach auf einige Menschen einen unwiderstehlichen Reiz aus. Im Schach gibt es so viele Möglichkeiten, dass nicht einmal ein Computer sie alle wiedergeben kann. Manche Stellungen tauchen zwar immer wieder auf, doch schon bei zehn Zügen entstehen mehr Möglichkeiten, als Menschen auf der Erde leben. Der größte Widersacher des Schachspielers sind also die unzähligen Möglichkeiten, die man jedes Mal entdeckt. Ein etwas widersinniges indisches Sprichwort heißt: Schach ist ein See, in dem eine Mücke baden und ein Elefant ertrinken kann.

Wiederholung und stetiges Üben machen im Schach den Meister. Widersprüchlich ist die Einschätzung des Schachspiels. Für manche ist es ein Sport, für andere eine Wissenschaft und für wieder andere eine Kunst. Man muss die Spieler also fragen: „Seid ihr Sportler, Wissenschaftler oder Künstler?“

In diesem Jahr wird die städtische Schachmeisterschaft in der Stadthalle ausgetragen. Alle Teilnehmer sind rechtzeitig angereist und endlich kann der Wettkampf beginnen. Die Spieler sitzen seit dem frühen Morgen an den Brettern, doch erst am Ende eines langen Tages steht das Endergebnis fest: Der Titelverteidiger war wieder erfolgreich.

Der Bürgermeister überreicht dem Sieger den Pokal und lädt ihn zu einem Essen ein. Doch leider ist die kleine Tochter des Siegers krank und daher geht er lieber nach Hause anstatt ins Restaurant.

207 Wörter ** mittel

Homophone

Wörter, die gleich gesprochen werden, sich in Schreibung und Bedeutung aber unterscheiden, nennt man **Homophone.** Die richtige Schreibung lässt sich jedoch aus der **Wortbedeutung** ableiten. Und im Zweifelsfall gilt: Schlage ruhig auch mal im Wörterbuch nach.

Homophone mit und ohne Dehnungs-h

dehnen (erweitern) → denen (Pronomen)
Mahl (Essen) → Mal (das erste Mal)
Wahl (Abstimmung) → Wal (Säugetier)
wahr (richtig) → war (Präteritum von *sein*)
mahlen (Getreide) → malen (Bild)

Homophone mit Doppelvokal oder Dehnungs-h

Leere (Leerheit) → Lehre (Ausbildung)
Meer (Ozean) → mehr (Indefinitpronomen)

Homophone mit Dehnungs-e nach i

Fieber (Körpertemperatur) → Fiber (Faser)
Lied (Gesang) → Lid (Auge)
Miene (Gesichtszug) → Mine (Bergwerk)
Stiel (Besen) → Stil (Aufsatz)

Homophone mit e und ä

Beeren (Strauchfrüchte) → Bären (Bär)
Ehre (Ruhm) → Ähre (Fruchtstand)
Felle (Tier) → Fälle (Fall)
Lerche (Vogel) → Lärche (Baum)

Der kleine Bär

Ada, die **Bären**dame, kümmert sich um ihren Nachwuchs. Der kleine Bär muss lernen, sich von **Beeren** und den anderen Früchten des Waldes selbst zu ernähren. Ada **lehrt** ihren Sohn auch, sich vor den **Gewehr**läufen der Jäger in Acht zu nehmen. Wer nämlich nicht achtsam ist, für dessen Leben gibt es keine **Gewähr**. Der kleine Bär aber ist ein folgsamer Schüler, gute Futter**stellen** merkt er sich beim ersten **Mal**.

Auch heute streifen die beiden **Bären** gemeinsam durch den Wald. Der Winter war dunkel und trüb, doch jetzt fällt zwischen den hoch gewachsenen **Lärchen** endlich wieder Sonnenlicht auf den Boden. Das Licht bescheint die dunklen **Felle** der Tiere. Wie **wahr** ist doch, was Ada meint: Die Frühlingssonne zaubert jedem Tier eine richtig freundliche **Miene** ins Gesicht. Die längeren Tage lassen auch das Grün üppiger und das Futter **mehr** werden.

Die Tage vergehen. Mutter und Sohn genießen das Leben zu zweit und sie wissen: Wenn am Ende des Sommers die **Ähren** auf den Feldern goldgelb leuchten werden, dann wird auch die **Lehr**zeit des kleinen **Bären** vorüber sein. Für Adas Sohn aber wird es nicht nur eine Frage der **Ehre** sein, die Ratschläge der Mutter auch in Zukunft zu beherzigen, sondern auch eine Frage des Überlebens.

202 Wörter

** mittel

Die Rechtschreibkartei

Gibt es Wörter oder Rechtschreibregeln, die du dir nur schlecht merken kannst? Dann probiere doch mal, mithilfe einer Rechtschreibkartei zu lernen.

Du brauchst dafür:

- einen Karteikasten oder eine Schachtel aus Pappe oder Karton,
- Karteikärtchen (die du dir aus Tonkarton selbst zurechtschneiden kannst),
- Trennkarten aus etwas dickerem Karton.

So gehts

1. Unterteile den Karteikasten oder die Schachtel in vier Fächer.
2. Nimm dir ein Kärtchen und schreibe ein Lernwort oder eine Rechtschreibregel darauf. Um deinem Gedächtnis auf die Sprünge zu helfen, kannst du auch ein kleines Bild oder eine Skizze dazumalen. Ganz wichtig: Kontrolliere genau, dass du das Wort richtig geschrieben hast.

(Hier klebst du ein Bild ein oder erstellst eine Skizze.) **der tote Baum**	Merke: Das einfache Adjektiv *tot* wird mit *t* geschrieben. Zusammengesetzte Adjektive schreibt man meist mit *tod-* *(todsicher, todkrank).*

3. Beschrifte so viele Karteikärtchen, wie du Lernwörter oder Rechtschreibregeln hast.
4. Leg diese Kärtchen in das erste Fach deines Karteikastens.

Jetzt kannst du loslegen

Fach 1

Nimm ein Kärtchen aus dem 1. Fach und lies das Wort. Leg dann das Kärtchen verdeckt vor dich hin und schreibe es aus dem Gedächtnis auf. Kontrolliere!

- Ist dir ein Fehler passiert? Dann leg das Kärtchen als hinterste Karte zurück in Fach 1.
- Alles richtig? Dann leg das Kärtchen ins 2. Fach.

Fach 2

Die Lernwörter aus dem 1. Fach übst du am besten täglich. Die Kärtchen, die sich im 2. Fach befinden, sind ungefähr alle drei Tage an der Reihe. An solchen Tagen solltest du etwa 10 Minuten zusätzlich fürs Üben einplanen.

Auch mit den Kärtchen aus Fach 2 verfährst du wie gewohnt: Lies das Wort, leg das Kärtchen verdeckt vor dich hin, schreibe es aus dem Gedächtnis auf und kontrolliere!

- Ist dir ein Fehler passiert? Dann leg das Kärtchen als hinterste Karte zurück in Fach 2.
- Alles richtig? Dann leg das Kärtchen ins 3. Fach.

Fach 3

Wenn sich im dritten Fach einige Kärtchen angesammelt haben, dann nimmst du dir auch diese vor.

- Ist dir ein Fehler passiert? Dann leg das Kärtchen als hinterste Karte zurück in Fach 3.
- Alles richtig? Dann leg das Kärtchen ins 4. Fach.

Fach 4

Alle Lernwörter, die ins 4. Fach gewandert sind und einen letzten Test bestehen, kannst du aussortieren. Diese Wörter schreibst du bestimmt nicht mehr falsch. So hast du wieder Platz für neue Kärtchen mit neuen Lernwörtern.

6 Schreibung der s-Laute

Was im Deutschen wie ein *s* klingt, kann im Schriftbild verschieden aussehen. Der deutsche s-Laut kann als *s*, *ss* und *ß* geschrieben werden. Außerdem kann der s-Laut zusätzlich unterschiedlich ausgesprochen werden:	
■ **stimmhaft** (weich) als [z] oder	**S**and · Be**s**en
■ **stimmlos** (hart) als [s].	Ma**ß**e · Ga**s**t · Wa**ss**er · Ri**ss**
Aufgepasst:	
■ Der stimmhafte s-Laut wird immer *s* geschrieben.	Muse
■ Am Wortende ist das *s* stimmlos.	Gra**s**

Schreibung mit einfachem *s*

Ein einfaches *s* steht immer	
■ **nach** einem **Konsonanten,**	Erb**s**e · In**s**el · anfang**s**
■ **am Wortanfang,**	**S**inn · **s**ieben · **S**oße · **S**uppe · **s**ingen
■ **nach** einem **Vokal, Diphthong** oder **Umlaut** in der Wortmitte.	Ha**s**e · Ro**s**e · Rei**s**e · Geblä**s**e

Die wunderbare Reise des Nils Holgersson

Selma Lagerlöf wurde 1858 in Schweden geboren. Sie war bereits eine bekannte Schriftstellerin, als sie den Auftrag bekam ein Lesebuch für die schwedische Volksschule zu schreiben. Deshalb unternahm sie viele Reisen durch Schweden bis zum Polarkreis. Diese Erlebnisse flossen in das neue Lesebuch ein, in dem die Autorin die vielfältigen Informationen zu einer interessanten Handlung verknüpfte.

Den Kern der Handlung bildete eine Erzählung ihrer Großmutter. Diese hatte beobachtet, wie eine zahme Gans des Hofes den nach Norden ziehenden Wildgänsen gefolgt war. Die Familie hatte das sanfte Tier bereits aufgegeben, als es sich im folgenden Jahr mit der neu gegründeten Familie auf dem Hof niederließ.

Die Großmutter hatte der Schriftstellerin auch einiges Wissenswerte über die Gänse berichtet. Sie wusste, dass der Hals einer Gans länger ist als bei Enten und ein Gansschnabel keilförmig ist. Außerdem sind diese Tiere meist gute Flieger und ein Gänsepaar bleibt lebenslang zusammen.

So entstand das Buch „Nils Holgerssons wunderbare Reise“, für das die Autorin den wichtigsten Preis für Literatur, den Nobelpreis, erhielt. Schon wenige Jahre nach der Veröffentlichung des Buches wurde es in über 30 Sprachen übersetzt.

181 Wörter

* einfach

Schreibung mit *ss*

Folgt ein s-Laut auf einen **kurzen Vokal,** wird *ss* geschrieben!

la**ss**en · fre**ss**en · Me**ss**e · Ta**ss**e · kü**ss**en

Aufgepasst: Es gibt einige wenige Singularformen von Wörtern, die mit einfachem *s* geschrieben werden, obwohl es auf einen kurzen Vokal folgt. Im Plural allerdings folgen auch sie wieder der Regel.

der Bu**s** – die Bu**ss**e · der Kürbi**s** – die Kürbi**ss**e · der Ilti**s** – die Ilti**ss**e

Aus dem Suffix (Nachsilbe) ***-nis*** wird im Plural immer ***-nisse,*** also eine Schreibung mit *ss.*

Verhält**nis** – Verhält**nisse** · Gefäng**nis** – Gefäng**nisse**

Schreibung mit *ß*

Ein *ß* kann nur **nach einem langen Vokal oder Umlaut** oder **nach den Diphthongen** *ei, eu* und *au* stehen. Es ist immer ein stimmloser (harter) Laut.

sto**ß**en · ru**ß**en · flie**ß**en · grü**ß**en · bei**ß**en · hei**ß**en · Preu**ß**en · drau**ß**en

Innerhalb einer Wortfamilie gibt es manchmal Wörter, die je nach Wortform einen kurzen oder einen langen Vokal haben. Daher werden solche Wörter mal mit *ss* und mal mit *ß* geschrieben.

der Gu**ss** – gie**ß**en · der Ri**ss** – rei**ß**en · der Spro**ss** – sprie**ß**en

Fußball

Mädchen spielen nicht Fußball, sagen Sabines Eltern. Dabei hat der Sportverein Sangersheim mehr Mädchen in der Fußballsparte als Jungs.

Neulich hat Sabine, als den Jungs ein Ersatzspieler fehlte, sogar ein Punktspiel mitgemacht. Hannes hatte erzählt, dass seine Mannschaft wohl die Punkte des nächsten Spiels verlieren würde, weil mindestens ein Spieler fehlte. Dabei ging es dieses Mal um den Klassenerhalt!

Nachmittags klingelte Hannes bei Sabine. „Tschüss“, rief sie ihrer Mutter zu, dann fiel die Tür ins Schloss. Draußen auf der Straße kam Sabine dann die Idee, als Junge in Hannes’ Mannschaft mitzuspielen. Also dachte sich Sabine einen Fantasienamen aus und ließ sich von nun an „Sabu“ anreden. „Wehe, du schmeißt uns das Spiel“, meinte Hannes nur.

Am nächsten Samstag stand Sabu mit auf dem Platz. Der Spielführer der gegnerischen Mannschaft wollte gerade genüsslich in einen Apfel beißen, als er bemerkte, dass Sangersheim doch vollständig angetreten war und die Verhältnisse damit ausgeglichen waren. Lange Zeit zum Überlegen hatte er nicht. Nach dem Anstoß befand sich der Ball gleich in der gegnerischen Hälfte und zu allem Überfluss sprach der Schiedsrichter den Sangersheimern einen Freistoß zu. Sabu im gegnerischen Strafraum bekam ihn auf den Fuß und schoss den Ball ins Tor. Es blieb bei diesem einen Tor und die Sangersheimer feierten ihren Sieg. Dieses Ergebnis konnte sich sehen lassen!

215 Wörter

* einfach

das oder *dass?*

Die richtige Schreibung von *das* und *dass* fällt vielen Schülern ziemlich schwer. Die folgenden Erklärungen helfen dir, den Unterschied zu begreifen und somit eine häufige Fehlerquelle auszuschalten.
Das Wörtchen ***das*** kann im Satz drei unterschiedliche grammatische Funktionen haben:

- Es ist ein **bestimmter Artikel.**
- Es weist auf etwas hin, ist also ein **Demonstrativpronomen.**
- Es ist ein **Relativpronomen.**

das Buch
Das mag ich überhaupt nicht.
Das Kind, **das** allein auf dem Schulhof steht, …

Dagegen ist das Wörtchen ***dass*** immer eine **Konjunktion,** d. h., es leitet einen Nebensatz ein. Deshalb steht vor *dass* immer auch ein Komma.

Du weißt, **dass** ich dich mag!

Die Ersatzprobe

Merke dir einfach: Man schreibt *das,* wenn man stattdessen auch *ein, dieses, jenes* oder *welches* einsetzen kann.

das Kind – **ein** Kind
Das mag ich überhaupt nicht. – **Jenes/Dieses** mag ich nicht.
Das Kind, **das** allein … – Das Kind, **welches** …

Sigmund Freud – Das Leben ein Traum?

Dass Sigmund Freud ein großer Psychoanalytiker war, das hast du bestimmt schon mal gehört. Aber weißt du auch Bescheid über das, was er erforschte? Der folgende Text liefert eine kurze Zusammenfassung seiner wichtigsten Thesen.

Dass das menschliche Innenleben eine komplizierte Angelegenheit ist, wusste man zwar schon lange, doch erst der österreichische Arzt Sigmund Freud systematisierte das Ganze. Seine Lehre der Psychoanalyse sorgte dafür, dass er berühmt-berüchtigt wurde.

Freud teilte die menschliche Psyche in drei Teile. Das nach dem Lustprinzip arbeitende Reich unserer Triebe nannte er das Es. Das Ich ist der an die Realität gebundene Teil der Psyche. Schließlich ist das Über-Ich dafür verantwortlich, dass das Ich nicht nur das tut, wozu das Es Lust hat. Das Über-Ich ist die moralische Instanz und also das Element der Psyche, das dem Ich ein schlechtes Gewissen bereitet.

Dem Ich wird das Leben noch dadurch erschwert, dass ihm nur ein Teil bewusst ist. Freud erforschte das, was unter der Oberfläche des Bewusstseins brodelt. Ganz schwer zugänglich fand er das Unbewusste, das wir zu verdrängen versuchen, weil es uns unangenehm ist. Deshalb erforschte er auch die Träume seiner Patienten, denn in ihnen sucht das Unbewusste den Weg zum Bewusstsein.

195 Wörter

*** schwierig

7 Fremdwörter richtig schreiben

Bei Wörtern, die ursprünglich aus anderen Sprachen stammen, unterscheidet man zwischen **Lehnwörtern,** deren Laute und Formen sich wie einheimische Wörter entwickelt haben, und **Fremdwörtern,** die sich in Schreibung, Betonung und Aussprache Besonderheiten bewahrt haben.

Lehnwörter:
Mauer (zu lat. murus) · Keller (zu lat. cellarium) · Fenster (zu lat. fenestra)
Fremdwörter:
Souvenir · Jeans · Violine · Update

Bei einigen Fremdwörtern ist neben der ursprünglichen auch eine eingedeutschte Schreibung möglich.
Aufgepasst: Achte auf einheitliche Schreibung innerhalb eines Textes!

Kupon (zu Coupon) · **Nugat** (zu Nougat) · **Soße** (zu Sauce)

Fremdwörter und ihre Herkunft

Fremdwörter aus dem Englischen

Diese finden sich vor allem in den Bereichen Sport, Jugendsprache und Technik. Du kannst dich an den folgenden Regeln orientieren:

- *ee* und *ea* werden als langes *i* gesprochen,
- *y* oder *i* klingen wie ein deutsches *ei*.

T**ee**nager · T**ea**m · Fr**ea**k

B**y**te · P**i**peline · N**y**lon · Des**i**gn

Theorie und Praxis

Das Highlight seines Lebens erhoffte sich ein Teenager von einem Flug in einem gestohlenen Propellerflugzeug. Der Hobbypilot hatte zuvor niemals selbst ein Flugzeug geflogen, war jedoch ein leidenschaftlicher Airbus-Fluggast. Das nötige technische Know-how hatte der Computerfreak mithilfe einer Simulationssoftware am Computer erworben. Außerdem war er stundenlang von Homepage zu Homepage gesurft, um sich im Internet über die diversen Flugzeugtypen zu informieren.

Eines Tages war es so weit. Unauffällig mit einem T-Shirt, einem Pullover und modischen Slippers an den Füßen bekleidet, setzte er sich in die Wartelounge eines kleinen amerikanischen Airports. Er wartete die Mittagspause des Personals ab und als die Piloten und Stewardessen zum Essen gingen, startete er seinen Coup. Das Timing stimmte und er gelangte unbemerkt zu der begehrten Maschine, die er sich für seinen Diebstahl ausgewählt hatte.

Der Countdown lief, der Start glückte. Der Outsider der Luftfahrt fühlte sich richtig cool und flog sich in einen Rausch, während die Fluglotsen im Tower das Schauspiel für einen Gag hielten. Für eine sichere Landung reichten seine Kenntnisse allerdings nicht mehr. Nach vier missglückten Versuchen kam es zum Crash. Bei der Landung platzten die Reifen, außerdem ging der Propeller zu Bruch.

190 Wörter

*** schwierig

Fremdwörter aus dem Französischen

Im Deutschen verwendete Fremdwörter aus dem Französischen finden sich häufig in Texten über Mode, Kultur und Gastronomie. Hier die wichtigsten Regeln:

- *ou* klingt wie ein deutsches *u*. — Rag**ou**t · R**ou**te
- *ai* klingt wie ein deutsches *ä*. — S**ai**son · Pal**ais**
- *ill* wird als [lj] oder [ij] gesprochen. — Pav**ill**on
- *eu* klingt wie *ö*. — Redakt**eu**r
- *g* wird als [ʒ] gesprochen, wenn es vor einem *e* oder *i* vorkommt. — Eta**ge** · Passa**gi**er

Fremdwörter aus dem Lateinischen

Wörter aus dem Lateinischen, die keine Lehnwörter sind, enden häufig auf *-ion, -ant, -al, -us, -tät, -um* oder *-or*. Sie stammen oft aus den Bereichen Wissenschaft, Kunst und Militärwesen.

Stad**ion** · toler**ant** · lok**al** · Laps**us** · Identi**tät** · Stud**ium** · Dokt**or**

Fremdwörter aus dem Griechischen

ph, rh, th oder *y* sind häufig Zeichen dafür, dass ein Wort dem Griechischen entstammt. Meist handelt es sich dabei um Fremdwörter aus den Bereichen Wissenschaft und Kultur.

Pro**ph**et · **Rh**y**th**mus · Me**th**ode · **Th**eke · Sympa**th**ie

Aufgepasst: *ph* wird wie *f* gesprochen.

Al**ph**abet · As**ph**alt · **Ph**ilosop**h**ie

Prominenten-Hochzeit im Stadion

Auf der Titelseite der Boulevardzeitung prangt in großen Lettern: „Riesenaufwand bei Promi-Hochzeit – Vera Buschfeld im Glück!“

Der Redakteur der Zeitung „Immer im Bild“ will herausgefunden haben, dass das große Ereignis im Olympiastadion stattfinden wird. Das breite Publikum wird die Möglichkeit haben, das Geschehen von den Rängen aus zu beobachten. Der Pastor, der die eigentliche Trauzeremonie durchführen wird, wird auf einer geheimen Route durch den Hintereingang ins Stadion geschleust werden; kurz danach wird das Brautpaar erscheinen. Das ganze Procedere ist peinlich genau und bis ins kleinste Detail festgelegt.

Als Küchenchef wurde ein Mann von exzellentem Ruf engagiert. Er hat sich das folgende Menü ausgedacht: Auf das Entree wird ein Salatteller folgen, anschließend wird ein Zitronensorbet der Hauptspeise vorausgehen. Als Hauptgang ist ein Ragout aus Wild mit verschiedenen Beilagen, unter anderem winzigen Pommes Croquettes, geplant, dazu sollen unterschiedliche Soßen gereicht werden. Zum Dessert werden eine schwarze und eine weiße Mousse au Chocolat serviert werden, flankiert von einer Nugatcreme. Der ganze Aufwand hat Methode, denn auch der Wein wird von erlesener Qualität sein, der Sommelier wird eigens aus Frankreich anreisen.

Man muss wirklich kein Prophet sein, um hinsichtlich dieses Aufwands zu kommentieren: Diese Hochzeit wird wahrlich ein Ereignis und das Brautpaar darf sich der Sympathien des Publikums gewiss sein!

206 Wörter

*** schwierig

Fremdwörter aus dem Italienischen

Das Italienische hat vor allem die Sprache der Musik beeinflusst, aber auch die Bereiche Handel und Kunst.

Kantate · Sonate · Adagio · Fresko · Konto · Kredit

Fremdwörter aus anderen Sprachen

Manche Fremdwörter entstammen dem

- Arabischen, — Kaffee · Karaffe
- Japanischen, — Bonsai · Ikebana
- Chinesischen, — Wok · Kotau
- Indischen. — Ingwer · Dschungel

Zusammengesetzte Fremdwörter

- Zusammengesetzte Fremdwörter werden meist zusammengeschrieben. Bei der Zusammensetzung zweier Substantive kann zur besseren Lesbarkeit ein **Bindestrich** gesetzt werden. Beide Substantive werden dann großgeschrieben.

  Airconditioning *oder* Air-Conditioning · Sciencefiction *oder* Science-Fiction

- Ist der **erste Bestandteil ein Adjektiv,** kann ein zusammengesetztes Fremdwort auch getrennt geschrieben werden.

  Happyend *oder* Happy End

- Werden (meist ursprünglich englische) Fremdwörter aneinander gereiht, setzt man einen Bindestrich.

  Boogie-Woogie · Do-it-yourself

Eine italienische Oper

Auf dem Spielplan des Frankfurter Opernhauses steht heute „La Bohème“. Nachdem die Klasse 9 c mit ihrer Lehrerin im Musikunterricht die Weltgeltung der italienischen Oper ausführlich besprochen hat, steht heute ein gemeinsamer Opernbesuch an. Es ist ein heißer Sommerabend und die Besucher sind dankbar, dass der Airconditioner funktioniert, die Temperaturen in dem alten Barockgebäude wären sonst nur schwer auszuhalten.

Fresken im Eingangsbereich stimmen die Besucher auf den Kulturgenuss ein. Dann beginnt die Vorstellung. Nach der Ouvertüre dringen schon bald Kantaten und Arien durch den Raum. Weil die Schülerinnen und Schüler wissen, wovon das Musikdrama handelt, können sie Puccinis Werk auch genießen.

In der Pause gönnt sich die Lehrerin einen Kaffee. Zwar sehen die großen Karaffen mit dem Rotwein sehr verführerisch aus und an der Bar wird auch Champagner ausgeschenkt, doch die Lehrkraft möchte Vorbild sein und verzichtet daher auf Alkohol.

Leider hat die Oper kein wirkliches Happyend, denn die beiden Helden der Geschichte, Rudolf und Mimi, sind erst an Mimis Sterbebett vereint. Die Musik erklingt jetzt nur noch im gemäßigten Adagio und die Stimmung ist gedrückt. Da möchte keiner der Zuschauer Boogie-Woogie auf den Rängen tanzen, das dramatische Geschehen liefert viel zu viel Diskussionsstoff. Die Lehrerin verspricht, in der nächsten Musikstunde auf die Fragen der Jugendlichen einzugehen, dann machen sich alle auf den Heimweg.

214 Wörter

** mittel

Besser konzentrieren – besser im Diktat

Die Konzentrationsfähigkeit ist entscheidend für den Erfolg beim Diktat! Wenn du dich richtig konzentrierst, gelingt es dir, beim Diktat nur an die richtige Schreibung der Wörter zu denken. So vermeidest du Flüchtigkeitsfehler oder spürst sie beim Korrekturlesen leichter auf.

Konzentrationsübungen

Rechtschreibphänomene, die sich nicht logisch erklären lassen (z. B. bei Fremdwörtern, Homophonen), kannst du nur dann richtig schreiben, wenn du sie korrekt gespeichert hast. Das fällt dir leichter, wenn du dein Gedächtnis trainierst:

- Versuche es einmal mit folgendem Spiel: Leg verschiedene Gegenstände (etwa 12 Stück) vor dich. Merke sie dir, schließe dann die Augen und bitte jemanden, zwei Gegenstände wegzunehmen. Weißt du, was fehlt?
- Erstelle dir ein Buchstabengitter (↑ S. 47) aus schwierigen Wörtern.

Clevere Merkstrategien

Halte deine Gehirnzellen in Schwung! Greif nicht sofort zu einem Merkzettel, sondern versuche dir möglichst viele Informationen zu merken, indem du sie

- an vorhandenes Wissen anknüpfst und dir z. B. Wortfamilien merkst oder nach Stammwörtern suchst;

fahren – die Fähre – die Abfahrt – das Gefährt
Häuser – Haus – hausieren

- miteinander verknüpfst und strukturierst.

Verzichte öfter mal auf den Einkaufszettel. Überlege dir stattdessen, wie du Besorgungen am besten erledigst, ob du zuerst zum Bäcker oder zur Post gehst, um möglichst effektiv zu sein.

Logisches Denken

Du weißt, dass das Wort „nummerieren“ von „Nummer“ kommt. Also ist es logisch, dass es auch mit zwei *m* geschrieben wird. – Manches musst du dir gar nicht merken, sondern kannst es dir immer wieder ganz leicht herleiten. Konzentriere dich einmal auf solche Zusammenhänge.

Weisheit → weise (nicht: weiße)
Wissen → ich weiß (nicht: ich weis)

Ruhe und Entspannung

Je gelassener du das Diktat angehst, desto besser kannst du dich konzentrieren. Aufregung versetzt dich nur in Unruhe und führt zu Konzentrationsschwierigkeiten.

- Atme mehrmals tief durch und sage dir, dass du optimal vorbereitet bist.
- Vergewissere dich, dass deine Arbeitsmaterialien am richtigen Platz sind, damit du gleich loslegen kannst.
- Lass dich von deinen Klassenkameraden nicht durch letzte Fragen ablenken, sondern versuche zur Ruhe zu kommen.

Belohnung muss sein!

Für gute Leistungen solltest du dich unbedingt belohnen, und zwar nicht nur, wenn du eine gute Note geschrieben hast, sondern auch, wenn du gut gelernt hast. Schaffst du es, dich bei einer Diktat-Übungseinheit wirklich zu konzentrieren und dich nicht durch äußere Bedingungen oder eigene abschweifende Gedanken ablenken zu lassen, dann motiviere dich selbst für die nächste Einheit mit einer Belohnung.

mit deiner Freundin telefonieren · ein bisschen lesen · ein Eis essen · eine Runde mit dem Rad drehen

8 Worttrennung

Trennung einfacher Wörter

Grundsätzlich gilt: Einsilbige Wörter werden nicht getrennt.

neu · Huhn · Klee

Am Zeilenende können mehrsilbige Wörter getrennt werden. Die Trennung einfacher Wörter erfolgt nach Sprechsilben.

Freun-de · Or-gel · kal-kig

Besonderheiten

Es gibt ein paar Besonderheiten, die du dir einprägen solltest:

- *ck* kann nicht getrennt werden. Merke dir einfach: Wer *ck* trennt, wird aufgehängt!

  Dru-**ck**er · Ste-**ck**er · zu-**ck**en

- Steht *ss* anstelle von *ß*, dann wird zwischen den beiden *s* getrennt.

  STRA**S-S**E (statt Stra-ße)

- Die Abtrennung eines **einzelnen Vokals** sowohl am Wortanfang als auch am Wortende ist zwar erlaubt, aber nicht sinnvoll, da eine solche Trennung die Lesbarkeit beeinträchtigt.

  E-ber · U-hu · Au-e · De-o · A-del

- Treffen **mehrere Konsonanten** aufeinander, kommt nur der letzte auf die neue Zeile.

  Ha**ms-t**er · Erei**g-n**is · Em**p-feh-l**ung

Katzen

Aufgepasst: Der folgende Diktattext enthält vier Wörter, bei denen die Abtrennung eines einzelnen Vokals am Wortanfang nicht angezeichnet ist. Findest du sie?

Kat-zen sind na-he-zu welt-weit ver-brei-tet. Für die Men-schen in Eu-ro-pa ist ei-ne Kat-ze häu-fig ein put-zi-ges Haus-tier.

Das Ge-biss ei-ner Kat-ze – die üb-ri-gens den Raub-tie-ren zu-ge-rech-net wird – ist aus-ge-zeich-net für das Schla-gen von Beu-te-tie-ren ge-eig-net. Al-le Kat-zen, mit Aus-nah-me des Ge-pards, kön-nen ih-re Kral-len vor-stre-cken. Ent-spre-chend der nächt-li-chen Le-bens-wei-se sind Seh-, Hör- und Tast-sinn (Schnurr-haa-re) sehr gut aus-ge-bil-det.

Frü-her war die Kat-ze ein tü-cki-scher Jä-ger, der auf der Su-che nach Beu-te gro-ße Stre-cken zu-rück-leg-te. Es be-darf viel Übung, ein Beu-te-tier ge-zielt zu er-legen. Man-che Kat-zen ha-ben die-se Ge-wohn-heit bei-be-hal-ten und zie-hen nachts durch Stra-ßen und Fel-der, um mit den Tat-zen Mäu-se zu fan-gen.

Die Freund-schaft zwi-schen Mensch und Kat-ze be-gann in Ägyp-ten. Die Stamm-form der Haus-kat-ze ist die nord-af-ri-ka-ni-sche Falb-kat-ze. Be-reits vor mehr als 4000 Jah-ren wur-den in Ägyp-ten die-se ja-gen-den Tie-re ins Haus ge-lockt und ge-zähmt. Den Ägyp-tern wa-ren die Kat-zen au-ßer-dem hei-lig, sie gal-ten als ei-ne Er-schei-nung des Son-nen-got-tes Re auf der Er-de.

155 Wörter

* einfach

Lösung: Ü-bung, Ä-gyp-ten, Ä-gyp-ten, Ä-gyp-tern

Trennung von Komposita

Zusammengesetzte Wörter (= Komposita) und Wörter mit Vorsilben werden nach ihren **erkennbaren Bestandteilen** getrennt.

Diens-tag · Stadt-staat · brand-neu · ge-treu

Trennungen, die den Leseablauf stören oder den Wortsinn entstellen, sollte man vermeiden. Sie sind jedoch nicht falsch.

Spar-gelder *statt* Spargel-der · be-inhalten *statt* bein-halten

Trennung von Fremdwörtern

Fremdwörter können nach **Sprechsilben** getrennt werden; einige Konsonantengruppen können aber auch ungetrennt bleiben:

- verschiedene Konsonanten in Verbindung mit einem *l* (1) oder einem *r* (2) sowie
- die Konsonantenkombinationen *gn* und *kn* (3).

Aufgepasst: Wichtig ist, dass die Worttrennung innerhalb eines Textes einheitlich gehandhabt wird.

(1) Pu**b-l**ikum oder Pu-**bl**ikum · Re**g-l**ement *oder* Re**gl**e-ment
(2) Fe**b-r**uar *oder* Fe-**br**uar
(3) Ma**g-n**et *oder* Ma-**gn**et

Stehen die Konsonantenverbindungen *ch, ph, rh, sh* und *th* für einen einfachen Laut, werden sie nicht getrennt.

Ma-**ch**e-te · Pro-**ph**et · Ca-**sh**ew-nuss

Für Wörter aus dem Französischen gilt: *oi* bleibt besser ungetrennt.

P**oi**n-te · Me-m**oi**-ren

Silvester in der Oper

Aufgepasst: Der folgende Diktattext enthält wieder drei Wörter, bei denen die Abtrennung eines einzelnen Vokals am Wortanfang nicht angezeichnet ist. Findest du sie?

Ges-tern hat der In-ten-dant auf der Be-triebs-ver-samm-lung ver-kün-det, dass die-ses Jahr ei-ne Sil-ves-ter-fei-er mit Ball ver-an-stal-tet wird, um die lee-ren Kas-sen wie-der et-was auf-zu-fül-len. Al-le An-ge-stell-ten, auch die en-ga-gier-ten Schau-spie-ler und Sän-ger, müs-sen zu den Vor-be-rei-tun-gen an-tre-ten, da man sich teu-re Ver-an-stal-tungs-un-ter-neh-men nicht leis-ten kann.

Schon beim Ver-tei-len der Auf-ga-ben er-hob sich Tu-mult: Die Gar-de-ro-bi-e-ren und das Bal-lett sol-len Ge-trän-ke und Ca-shew-nüs-se ser-vie-ren, die Vi-sa-gis-tin-nen sol-len als Ani-ma-teu-rin-nen die Gäs-te un-ter-hal-ten, wäh-rend die Schau-spie-ler in der Kü-che das Bü-fett zu-be-rei-ten sol-len. Der In-ten-dant hat-te sich selbst als In-stal-la-teur der De-ko-ra-ti-on vor-ge-se-hen, die Be-leuch-ter und Büh-nen-ar-bei-ter sol-len als Putz-ko-lon-ne mit-ten in der Nacht auf-räu-men und sau-ber ma-chen, da an Neu-jahr wie im-mer ei-ne Ma-ti-nee statt-fin-den wird. Nur die Fri-sö-re und Fri-sö-rin-nen durf-ten ih-rem Hand-werk nach-gehen. Es ha-gel-te wü-ten-de Pro-tes-te und Be-schimp-fun-gen, bis der Di-rek-tor den An-we-sen-den er-klär-te, dass das Opern-haus schlie-ßen müs-se, wenn es nicht in der La-ge sei, selbst neue Geld-quel-len auf-zu-trei-ben. Spon-so-ren ge-be es lei-der nicht in dem Aus-maß, wie es nö-tig wä-re. Vol-ler Iro-nie öff-nete die Pri-ma-bal-le-ri-na ihr Port-mo-nee und spen-de-te ei-nen Eu-ro, um sich von die-ser Fron frei-zu-kau-fen. Sie ent-kam aber ih-rer Auf-ga-be nicht.

187 Wörter — *** schwierig

Lösung: A-nimateurinnen, O-pernhaus, I-ronie

Wörterbücher und Lexika können dir helfen, deine Aufgaben allein, ohne die Hilfe von anderen, zu lösen. Zur Grundausstattung deines Arbeitsplatzes sollten daher ein Rechtschreibwörterbuch, ein Fremdsprachenwörterbuch für jede Sprache, die du lernst, sowie ein allgemein bildendes Lexikon gehören.

Rechtschreibwörterbücher

zeigen

- die Schreibung von Wörtern;
- die Trennung eines Wortes;
- Numerus und Genus;
- Aussprache und Betonung eines Wortes.

313

das **Sweat|shirt** ['svɛtʃøːɐ̯t] (weit geschnittener Pullover); des Sweatshirts; die Sweatshirts

der **Swim|ming|pool** ['svɪmɪŋpuːl], *auch:* Swim|ming-Pool (Schwimmbecken); des Swimmingpools; die Swimmingpools

der **Swing** (ein Jazzstil); des Swing[s]; **swingen** (Swingmusik machen; zum Swing tanzen); ich swinge; du swingst; sie swingte; sie hat geswingt

Syd|ney ['sɪdnɪ] (Stadt in Australien)

Sylt (Insel in der Nordsee)

Fremdsprachenwörterbücher

- übersetzen ein Wort oder einen Begriff in eine andere Sprache;
- liefern zudem die gleichen Informationen, die auch ein Rechtschreibwörterbuch bietet (richtige Schreibung, Trennung sowie grammatische Besonderheiten des fremdsprachlichen Wortes);
- verfügen häufig über einen so genannten „Serviceteil“, in dem z. B. unregelmäßige Verben alphabetisch aufgelistet oder andere grammatische Besonderheiten einer Sprache übersichtlich dargeboten werden.

Lexika

sind eine hervorragende Informationsquelle für alle Wissensgebiete. Ein allgemeines Lexikon informiert kurz und prägnant über das jeweilige Stichwort. Fachlexika bieten darüber hinaus vertiefende Informationen.

Beim Üben von Diktaten wirst du manchmal unsicher sein, wie ein Wort geschrieben wird. **Richtig nachschlagen** ist keine Kunst – **so geht es:**

- Sämtliche Wörterbücher sind alphabetisch geordnet. *Aufgepasst:* Umlaute werden in der alphabetischen Anordnung nicht in die Schreibung a+e, o+e, u+e aufgelöst, sondern als Buchstaben gewertet. Daher folgt *Bär* auf *Bar* und nicht umgekehrt.
- Manche Wörterbücher haben ein von außen sichtbares Buchstabenregister, das dir hilft, schnell den gesuchten Anfangsbuchstaben zu finden.
- Achte beim Nachschlagen auf die Leitwörter links und rechts oben. Nur wenn das Wort, das du suchst, im Alphabet zwischen diesen Wörtern steht, wirst du es auch auf dieser Doppelseite finden.
- Regeln zur Schreibung der Wochentage und der Zahlen findest du unter dem Wochentag oder der Zahl, die im Alphabet als Erste kommen (z. B. die Sieben ↑Acht).
- Gute Wörterbücher heben besonders schwierige Zweifelsfälle in farbigen Infokästen hervor. Hier findest du Antworten auf knifflige Fragen auf einen Blick.
- Achte auf altersgemäße Nachschlagewerke. Es gibt Wörterbücher und Lexika für Kinder, Jugendliche und Erwachsene.
- Mach dich mit den Abkürzungen vertraut. Die meisten Wörterbücher haben eine alphabetisch geordnete Auflistung der Abkürzungen, und zwar gleich auf den ersten Seiten des Buches.
- Zu guter Letzt: Je intensiver du dich mit einem Thema beschäftigst, desto mehr Spaß wird es dir machen. Schau also öfter mal in die Bücherregale deiner Eltern oder Freunde und nutze die örtliche Bücherei oder die Bibliothek deiner Schule.

9 Satzzeichen

Satzschlusszeichen

Punkt

Ein **vollständiger Satz** im Deutschen enthält mindestens ein Subjekt und ein Prädikat. Am Ende eines solchen Satzes steht ein Punkt.

Er schläft. · Der Winter ist vorbei. · Sie geht gerne zur Schule.

Ausrufezeichen

Das Ausrufezeichen steht nach einem **Aus- oder Zuruf,** nach **Aufforderungen, Befehlen** und **Anreden** oder wenn eine Aussage hervorgehoben werden soll.

Hurra! · Sehr geehrter Herr Schmidt! · Hoffentlich bis bald!

Fragezeichen

Fragen werden mit einem Fragezeichen abgeschlossen. Am Anfang einer Frage steht immer

- ein **Fragewort** (*wer? wie? was?* usw.) oder

  Wie alt bist du?

- die **konjugierte Form** (Personalform) des **Verbs.**

  Kommst du mit zum Baggersee?

In den Sommerferien

In diesen Sommerferien war ich in einem Jugendzeltlager in der Eifel. Gleich am ersten Abend rief Ralf, der erfahrenste der Betreuer, alle zu sich. Weil einer der Teilnehmer sich beim Aufbauen der Zelte verdrückt hatte, schimpfte Ralf ihn vor allen anderen laut aus: „So geht das nicht, Freundchen! **Glaubst** du, dass du hier von vorne bis hinten bedient wirst? Wir sind hier nicht im Hotel und wenn du das nicht begreifst, kannst du gleich wieder nach Hause fahren!"

Wir waren ziemlich erschrocken über diese Motzerei. Aber in einem solchen Zeltlager gibt es wirklich so viel zu tun, dass alle mit anfassen müssen. Vor allem, dass wir uns alle gemeinsam um das Essen kümmern mussten, war wirklich etwas ganz Neues für viele von uns. Wie oft waren die Nudeln angebrannt oder wir mussten noch kurz vor Ladenschluss irgendeine Kleinigkeit einkaufen!

Aber insgesamt waren es wirklich ganz tolle Ferien. Wir waren mehr als 40 Jungen und Mädchen und schon die ersten Nachrichten, die die Daheimgebliebenen erhielten, hörten sich sehr gut an. Natürlich hatten wir nicht viel Zeit zum Schreiben oder Telefonieren, sondern begnügten uns mit kurzen Nachrichten an die Eltern. „Tolle Stimmung!", hieß es bei den einen; „Super Wetter!" und „**Was** will man mehr?" bei den anderen. Die ganze Woche über blieben das Wetter und die Stimmung prima und als wir am Ende der Freizeit gefragt wurden: „**Was** könnte man im nächsten Jahr besser machen?", sagten die meisten: „Nichts, alles war super!" „Hoffentlich sehen wir uns bald wieder!"

246 Wörter

** mittel

Weitere Satzzeichen

Strichpunkt

Ein Strichpunkt (Semikolon) trennt **gleichwertige Teilsätze** oder **Wortgruppen** stärker als ein Komma.

Das ist vergessen**;** ich möchte nichts davon hören.

Gedankenstrich

Er kündigt etwas **Weiterführendes,** meist etwas **Unerwartetes,** an. Er kann aber auch **Zusätze,** Nachträge oder Einschübe abgrenzen.

Plötzlich – ein Beben! · Herr Moor – ein toller Mann – ist Arzt.

Doppelpunkt

Er steht vor **wörtlich wiedergegebenen Aussagen** oder Textstellen, **angekündigten** Aufzählungen, Erläuterungen oder vor **Schlussfolgerungen.**

Er sagte**:** „Alle mal hersehen." · Man nehme**:** 300 g Mehl, 3 Eier …

Apostroph

Grundsätzlich gilt: Der Apostroph **(Auslassungszeichen)** steht

- für einen oder mehrere ausgelassene Buchstaben in einem Wort,
- als Zeichen des Genitivs von Namen, die auf *s, ss, ß, tz, z, x* enden und keinen Artikel o. Ä. bei sich haben.

Aufgepasst: Normalerweise steht vor dem Genitiv-s kein Apostroph!

Nimm **'**ne (= eine) andere Farbe.

Sach**s'** Gedichte · das Leben Johanne**s'** des Täufer**s**

Brecht**s** Dramen

Aus dem Alltag eines Schülers

Tom hat heute einen schlechten Tag; und das ausgerechnet an einem Donnerstag, denn da steht neben Mathe und Physik auch eine Doppelstunde Latein auf dem Stundenplan. Und Englisch und Religion! Zu allem Unglück lässt Tom dann auch noch Philipps Physikheft, das er sich zum Abschreiben der Hausaufgaben geliehen hatte, auf dem Küchentisch liegen. Das merkt er allerdings erst im Schulbus, als Philipp ihn danach fragt. So ein Mist! Schneller als es Tom lieb ist, hält der Bus vor der Schule an. Das Schulgebäude – ein Bau aus dem vorletzten Jahrhundert – wirkt auf Tom heute noch weniger einladend als sonst.

Gleich in der ersten Stunde schreibt der Pfarrer einen Test in Religion. Auf die Frage, was er denn über das Leben Johannes' des Täufers wisse, kann Tom leider nur vage antworten.

Endlich – das Pausenzeichen! Tom hetzt zum Kiosk an der Straßenecke; doch leider sind an Willis Bude heute seine Lieblingsschokoriegel aus.

„Noch zwei Stunden Latein", denkt Tom lustlos. Ovids Gedichte sind ihm schon an guten Tagen ein Graus! Kein Wunder, dass er während der Monologe seines Lehrers in Gedanken abdriftet: Tom träumt von der nächsten Klassenfahrt nach Berlin. Wie schön wäre es, jetzt mit seinen Freunden über den Ku'damm zu flanieren!

Die Schulglocke reißt Tom aus seinen Tagträumen; und dann hat auch dieser Schultag endlich ein Ende.

215 Wörter

*** schwierig

Anführungszeichen

Anführungszeichen, häufig auch „Gänsefüßchen" genannt, stehen vor und hinter

- **Aussagen, Gedanken** und **Zitaten** (Textstellen), die **wörtlich wiedergegeben** werden,

Ludwig XIV. sagte: „Der Staat, das bin ich!" · Er schreibt in seinen Memoiren: „Nie werde ich sie vergessen."

- **Überschriften, Werktiteln, Sprichwörtern** und **Äußerungen,** die nachfolgend kommentiert werden,

Sie liest gerade „Harry Potter". · Das Sprichwort „Reden ist Silber, Schweigen ist Gold" hatte sie noch nie verstanden.

- **Wörtern** oder **Wortgruppen,** über die eine **Aussage getroffen** wird oder die **ironisch** gemeint sind.

Das hast du aber „fein" hingekriegt.

Aufgepasst: Satzzeichen, die zum wörtlich Wiedergegebenen gehören, setzt man **vor** das abschließende Anführungszeichen; Satzzeichen, die zum Begleitsatz gehören, werden **nach** dem abschließenden Anführungszeichen gesetzt (↑ indirekte Rede, S. 88).
Sowohl der angeführte Satz als auch der Begleitsatz behalten ihre Ausrufe- und Fragezeichen.

„Kommst du jetzt endlich**!**", rief er. · „Kannst du mir morgen beim Saubermachen helfen**?**", fragte die Mutter.

Omas Erbsensuppe

Die Familie entschließt sich am Samstag, in den Biergarten im Stadtwald zu gehen. Die Oma sagt zufrieden: „Es ist wunderschön hier im Wald!“ „Außerdem können wir gleich noch auf den Abenteuerspielplatz gehen“, ruft auch Jana ganz begeistert. „Und deine Pommes kannst du hier auch bestellen“, fügt der Vater hinzu. Die Mutter hält jedoch unmissverständlich fest: „Mit den Fingern wird hier in der Öffentlichkeit aber nicht gegessen!“ „Jana bekommt ihren Willen und ich gucke in die Röhre!“, reagiert Moritz sauer und er fordert: „Dann möchte ich aber ein großes Glas Cola!“

Der Vater lehnt sich zufrieden zurück: „Ich esse eine Bockwurst mit Kartoffelsalat.“ „Kinder“, verkündet die Oma, „ich lade euch hinterher noch zu einem Eis ein.“ „Willst du uns damit bestechen?“, fragt Moritz direkt. „Und das nur, damit wir morgen deine Erbsensuppe essen?“, ruft Jana.

Die Oma ist beleidigt: „Meine Erbsensuppe ist euch wohl nicht gut genug?“ „Deine Suppe schmeckt immer sehr gut“, lenkt die Mutter versöhnlich ein. „Moritz und ich können am Sonntag doch kochen“, schlägt Jana vor. „Wir machen Spagetti mit Soße“, ergänzt Moritz, „und einen Salat.“ „Und die Suppe essen wir dann am Montag“, fügt der Vater erleichtert hinzu. „Leider kann ich dann gar nichts für euch tun“, stellt er mit einem Grinsen fest. „Doch“, sagten beide Kinder wie aus einem Munde, „du spülst ab!“

217 Wörter

*** schwierig

Regeln zur Kommasetzung

Ein Komma **trennt Teilsätze** und **Wortgruppen** voneinander ab (= einfacher Gebrauch).
Trennt das Komma **eingeschobene Sätze** oder **Satzteile** ab, wird es paarig gebraucht.

Meine Freundin Tina sagt**, dass sie mich mag**.

Meine Freundin**, die Tina heißt,** mag mich.

Komma zwischen zwei Hauptsätzen

Gleichrangige Hauptsätze und Wortgruppen werden durch Komma getrennt. Dies gilt auch, wenn diese Sätze durch **entgegenstellende Konjunktionen** (*aber, jedoch, sondern*) verbunden sind.
Aufgepasst: Die Wörter *und, oder* und *sowie* können das Komma ersetzen.

Glaub mir**,** ich will nur dein Bestes. · Das Haus war alt**,** aber es war nicht verkommen.

Es war ganz still[,] und nichts war mehr zu hören.

Komma zwischen Haupt- und Nebensatz

Grundsätzlich gilt: Alle Nebensätze werden durch Komma vom Hauptsatz getrennt oder mit paarigem Komma eingeschlossen. Einen Nebensatz erkennst du daran, dass
- das konjugierte **Verb am Ende** steht;
- er **nicht allein** stehen kann.

Ich weiß genau, **dass ich es schaffe.** · Die Musik**, die leise ertönte,** nahm uns ganz gefangen.

Lernen kann Spaß machen

Es stimmt, man kann immer und überall etwas lernen. Alle Lehrer, ob alt oder jung, nehmen sich die Zeit, ihren Schülern möglichst viele interessante Dinge beizubringen – und das jeden Tag, außer am Wochenende.

Meine Freundin Tina sagt, dass das Beste an der Schule sei, dass man dort jeden Tag andere Kinder treffe. Und meine Schwester, die Lilly heißt, ergänzt: „In die Schule muss schließlich jeder! Da muss man sich gar nicht verabreden!"

Es macht Spaß, gemeinsam mit anderen zu lernen, z. B. bei der Gruppenarbeit, der Partnerarbeit oder in einer AG. Wenn ein Thema so richtig interessant ist, ist es im Klassenzimmer ganz still [,] und nichts anderes ist zu hören als die Stimme des Lehrers. Doch wer bestimmt eigentlich, was gelernt wird?

Schade ist nur, dass man für die Schule immer wieder Hausaufgaben machen muss – auch wenn das Wetter noch so schön ist und man viel lieber rausgehen möchte. Es gibt Tage, da weiß ich ganz genau, dass ich mit den Hausaufgaben nicht fertig werde. Und manchmal lasse ich mich auch von der Musik, die leise aus der Küche in mein Zimmer dringt, ablenken. Wäre es nicht eine prima Idee, wenn jemand mal eine Hausaufgabenmaschine erfinden würde?

197 Wörter

** mittel

Komma zwischen Haupt- und Nebensatz

Relativsätze werden durch ein Relativpronomen oder -adverb eingeleitet: *der, die, das, welcher, welche, welches, wo, wie, wohin, woher, wodurch, wer, was.*

Das Kind**, das** weinte, war drei. · Ich werde ein Gedicht lernen**, welches** mir gut gefällt.

Konjunktionalsätze werden durch eine unterordnende Konjunktion an den Hauptsatz geknüpft, z. B.: *dass, wenn, als, ob, sobald, weil, indem.*

Es ist noch nicht sicher**, ob** wir in Urlaub fahren.

Interrogativsätze werden durch ein Interrogativpronomen (Fragepronomen) eingeleitet: *was?, wann?, wer?, wie?, wo?, warum?, weshalb?*

Ich wusste nicht, **wann** ich es tun sollte.

Die **indirekte Rede** dient der Wiedergabe von Aussagen und Meinungen (z. B. in Protokollen). Man erkennt sie meist daran, dass
- ein Verb des Sagens, des Fragens oder Denkens der Aussage vorausgeht;
- das Verb im Konjunktiv (Möglichkeitsform) steht.

Der Autofahrer **klagt,** die Benzinpreise **seien** gestiegen.

Auch mithilfe von *dass*-Sätzen wird indirekte Rede ausgedrückt.
Aufgepasst: Das Verb steht dann im Indikativ.

Der Autofahrer klagt**, dass** die Benzinpreise gestiegen **sind**.

Das Jugendparlament

Endlich, sagte die Oberbürgermeisterin kürzlich in einer Sendung des Lokalsenders, sei in der Stadt ein Jugendparlament eingerichtet worden. Nachdem sie immer wieder Briefe von Jugendlichen, die mehr Mitsprache gefordert hätten, erreicht haben, erhoffe sie sich nun eine rege Beteiligung. Eine Vertreterin des Jugendamtes fügte hinzu, dass zunächst einmal überlegt werden muss, wer alles am Parlament teilnehmen dürfe. Zur ersten Sitzung, die in der Schulturnhalle stattfindet, kommen zahlreiche Kinder aus der Stadt. Sie diskutieren, welche Aufgaben und Ziele ihr Parlament haben soll.

Besonders wichtig sei ihm, erklärte Michel, das Freizeitangebot für Jugendliche zu verbessern. Konkret bedeute dies, meinte Denise, neue, gut ausgestattete Jugendräume in allen Stadtteilen zu eröffnen. Ihr läge, warf Paula bestimmend ein, eine gute Skatebahn noch mehr am Herzen. Zunächst, sagte Maximilian vermittelnd, könne jedes Mitglied Vorschläge machen. Erst später, fügte er hinzu, werde über die Dringlichkeit der Anträge abgestimmt. Die Ausbesserung und Erweiterung der Fahrradwege, forderte Fabian, solle auch noch einmal im Stadtrat beraten werden. Die Stadtranderholung in den Ferien, verlangte Dominik, solle nicht aus Geldnöten eingestellt werden. Das Jugendparlament, schlug Debora vor, könne sich ja auch um Sponsoren bemühen. Außerdem, regte Hanna an, könnte man in der Stadtbibliothek ein Internetcafé einrichten. Und die Spielesammlung, schlug Julian vor, solle um Computerspiele ergänzt werden. Vielleicht, meinte Mira, könne die Stadt auch etwas für Kids, die auf der Straße leben, unternehmen.

221 Wörter

** mittel

Komma zwischen Haupt- und Nebensatz

Partizipialsätze werden mit einem Partizip Präsens oder Partizip Perfekt gebildet. Sie können durch ein Komma abgetrennt werden, aber du musst es nicht setzen.

Auf eine Antwort **hoffend**[,] wartete sie auf den Briefträger. · Gerade **angekommen**[,] musste sie gleich wieder gehen.

Infinitivsätze werden mit dem erweiterten Infinitiv mit *zu* gebildet. Dazu gehören auch *ohne zu* und *um zu*.
Solche Infinitivsätze brauchen kein Komma – aber du darfst es setzen, wenn du willst.

Sie weigerte sich[,] zu helfen. · Wir versuchten[,] die Torte mit Sahne zu verzieren.

Aufgepasst: Das Komma muss jedoch gesetzt werden, wenn

- im Hauptsatz ein **hinweisendes Wort** auf die folgende Infinitivgruppe steht,

  Erinnere mich **daran,** den Mülleimer zu leeren.

- eine vorausgehende Infinitivgruppe durch ein **folgendes Wort** wieder aufgenommen wird.

  Zu reiten, **das** ist ihre größte Freude.

Komma in Nebensätzen

Gleichwertige Nebensätze werden ebenfalls durch ein Komma voneinander getrennt.

Er kannte niemanden**,** der ihm geholfen hätte**,** an den er sich hätte wenden können.

Arbeit statt Schule?

Auf die Mitarbeit der Eltern hoffend[,] hatte die Lehrerin den Jugendlichen vorgeschlagen, einmal einen Tag am Arbeitsplatz eines Elternteils zu verbringen[,] anstatt in die Schule zu gehen.

Hanna brauchte ihre Mutter gar nicht mehr viel zu fragen. Schon oft hatte sie ihr in ihrem Bioladen geholfen. Über den Bioladen aus Sicht der Kundinnen und Kunden zu berichten, das hatte sie sich für dieses Mal vorgenommen, weil das auch für sie eine neue und interessante Sichtweise war, weil sie Freude am Fotografieren hatte. Als sie am Mittwochnachmittag mit ihrer Digitalkamera in den Laden ging, gab es gerade die Gelegenheit, Honig zu probieren. Hanna konnte sich manchmal vor Lachen kaum halten, wenn die kleinen Kinder besonderen Spaß daran hatten, den Honig im ganzen Gesicht zu verschmieren.

Zu Hause angekommen[,] entschließt Hanna sich[,] die Fotos auf eine große Plakatwand zu kleben und auch die vielen anderen Aufgaben ihrer Mutter, die nicht so spannend sind[,] um sie auf einem Foto festzuhalten, zu beschreiben. Jeden Abend muss sie sich Zeit nehmen[,] um zu planen, um die Bestellung für den übernächsten Tag festzulegen. Dabei versucht sie auch immer[,] auf besondere Wünsche einzelner Kundinnen und Kunden einzugehen. Außerdem darf sie auch nicht vergessen[,] die Kasse zu überprüfen. Die offenen Rechnungen zu überweisen, das ist natürlich auch eine wichtige Aufgabe. Als fortschrittliche Unternehmerin hat Hannas Mutter schon begonnen[,] die Möglichkeiten des Online-Banking zu nutzen. Ja, Hanna ist stolz darauf, ihrer Mutter helfen zu können. Keinen anderen Arbeitsplatz würde sie vorziehen!

242 Wörter

*** schwierig

Komma in Aufzählungen

Bei Aufzählungen steht ein Komma, wenn die einzelnen Wörter nicht durch *und*, *oder* oder *sowie* verbunden sind.

Aufgepasst: Zwischen Adjektiven, von denen das erste die folgende Fügung näher bestimmt, steht kein Komma.

Tick**,** Trick **und** Track sind die Neffen von Donald Duck.

das große bunte Badetuch · der neue blaue Rucksack

Komma bei Apposition, Zusätzen und Erläuterungen

Erklärungen, die in Form eines Nachsatzes (**nachgestellter** Beisatz oder Apposition) geliefert werden, trennt man mit einem Komma vom Hauptsatz ab.

Eingeschobene Zusätze werden von Kommas eingeschlossen (paariger Gebrauch).

Das ist Kirsten**,** meine Freundin. · Johannes Gutenberg**,** der Erfinder der Buchdruckerkunst**,** wurde in Mainz geboren.

Ein Komma muss auch stehen bei mehrteiligen

- **Datums- und Zeitangaben** (1),
- **Wohnungsangaben** (2),
- **Literaturangaben** (3).

(1) Mannheim**,** den 5. Mai

(2) Sie wohnt in Ulm**,** Hauptstraße 110**,** Stadtteil Mitte.

(3) Goethes „Tasso“**,** 2. Akt**,** 1. Szene.

Unsere neue Mediothek

Unsere neue Mediothek, Marktplatz 1, ein heller, freundlicher Raum, soll allen Schülerinnen und Schülern, Lehrerinnen und Lehrern und auch den Eltern zur Verfügung stehen. An fünf Computerarbeitsplätzen wird es einen Zugang zum Katalog unserer Mediothek, zum Katalog der Stadtbibliothek sowie zum Internet geben. Unterschiedliche Lernsoftware für die Fächer Englisch, Deutsch und Mathematik wird dort zur Verfügung gestellt. Zettel mit Vorschlägen für neue aktuelle Bücher können in eine Wunschbox eingeworfen werden.

Weil der Raum möglichst oft geöffnet sein soll, wechseln sich die Lehrerinnen und Lehrer und Schülerinnen und Schüler der 10 a, b, c und d ab. Eine halbe Stunde vor Schulbeginn, in den Pausen und zwei Stunden nach Schulschluss ist die Mediothek immer geöffnet.

Die Lokalzeitungen, überregionale Tageszeitungen und monatlich oder wöchentlich erscheinende Magazine können in der Leseecke studiert werden.

Im Internet kann man natürlich in fast allen weltweit erscheinenden Zeitungen lesen. Auch Textstellen, zum Beispiel aus Lessings „Nathan der Weise", 2. Aufzug, 5. Auftritt[,] lassen sich über eine Suchmaschine ausfindig machen. Wenn jemand ein Buch aus der Stadtbibliothek benötigt, kann er es per Computer bestellen. Montags, mittwochs und freitags kommt der Bücherbus vorbei und liefert die bestellten Bücher oder CDs ab. Für verlorene, beschädigte oder verschmutzte Medien muss – wie üblich – der volle Preis bezahlt werden.

Beim Sommerfest, am ersten Samstag im Juni, wird die neue Mediothek mit einem großen Lese- und Medienquiz auf sich aufmerksam machen.

227 Wörter

*** schwierig

Redaktionelle Leitung Simone Senk
Herstellung Annette Scheerer
Produktion HamppMedia GmbH, Stuttgart
Redaktion Claudia Fahlbusch, Cornelia Schaller
Autorin Birgit Hock, Ludwigshafen
Typographisches Konzept Horst Bachmann
Illustrator Peter Lohse, Büttelborn
Umschlaggestaltung Michael Acker
Umschlagabbildung © picture-alliance/Picture Press, Frankfurt am Main

Bibliografische Information der Deutschen Bibliothek
Die Deutsche Bibliothek verzeichnet diese Publikation in der Deutschen Nationalbibliografie; detaillierte bibliografische Daten sind im Internet über http://dnb.ddb.de abrufbar.

Satz pws Print- und Werbeservice Stuttgart GmbH
Druck und Bindung Ebner & Spiegel, Ulm
Printed in Germany

F E D C B A

ISBN 3-411-70312-1